果物、スパイス、お酒

大人のアレンジ和菓子

和菓子 万くみ

はじめに

和菓子が思っていたよりも簡単に作れることに驚き、和菓子作りを始めました。そして和菓子を作ることがおもしろくてしかたなくなったのは、砂糖や粉類、寒天などの材料の性質を知り、アレンジができるようになってからです。和菓子の技法を使って材料の性質をいかしつつ、オリジナルの和菓子が作りたいと思うようになりました。

お酒が好きで和菓子にも使いたいという気持ちがあり、いろいろと試作をするうちにお酒にスパイスを加えると味がしっくりきて単調な味ではなくなること、そこにナッツ類を加えると食感の楽しさが増すこと、ドライフルーツは食感と甘みが追加され隠し味的な使い方ができること、そしてドライだけではなく生の果物を使うともっと贅沢感が増すことなど組み合わせのおもしろさを発見し、今の果物、お酒、スパイス、ナッツ、ドライフルーツを使うアレンジ和菓子のスタイルに辿り着きました。

好きな味のお酒を使ったり、そのままいただいても美味しい熟した果物を使うと贅沢な感じがして気持ちまで満たされます。お酒や果物や果物ピューレなどの素材により、色鮮やかだったりシックだったり、ざまざまな色の和菓子が出来上がり目も喜びます。使う果物の品種や熟し具合によって、仕上がりの味や色、食感に違いが出ることも作るおもしろさを感じさせてくれます。組み合わせは無限にあって、身近で美味しいと思うものを和菓子にアレンジするのは楽しくおもしろい時間です。

好きなものを使って、ちょっと贅沢な和菓子を。そんなアレンジ和菓子の世界を楽しんでいただけると嬉しいです。

和菓子　万くみ　鈴木万久美

目次

この本について

7種類の和菓子の果物やスパイス、お酒を変えたアレンジレシピを紹介しています。

この本では

艶干し錦玉

砂糖と寒天をベースに作ります。外はパリッと、中はシャリッとした食感です。琥珀糖や食べる宝石などとも呼ばれます。表面をかたく仕上げるタイプと、アレンジしてグラニュー糖をまぶしてやわらかく仕上げるタイプを紹介しています。

錦玉羹

砂糖と寒天をベースに作ります。寒天の量を調整してやわらかめに作って中に果物を入れることで、より果物の食感や風味を楽しめます。

羊羹

砂糖と寒天と餡で作ります。いろいろなアレンジを楽しむことができます。

押し物

餡、上南粉、寒梅粉、砂糖を押し固めたお菓子で、ほろっとした食感が特徴です。

浮島

餡をベースに、薄力粉と上新粉、砂糖を混ぜて蒸したお菓子です。餡のしっとり感と卵白をいかしたふわっとした食感が楽しめます。

わらび餅

本わらび粉と砂糖で作ります。透明感が出るまでしっかりと練るのがポイントです。本わらび粉を使うと黒っぽい色になります。

求肥

白玉粉と砂糖で作り、時間が経ってもやわらかいのが特徴です。ゆでて作る方法と電子レンジで作る方法を紹介しています。

12ページからの基本の作り方を参照して、各ページのレシピで作ってください。
お菓子名の下にある星マークは難易度をあらわしています。作る際の目安にしてください。

気温、使う果物の水分や色によって見た目ややわらかさに違いが出ます。乾燥させたり、煮詰めるときはその都度やわらかさを確認しながら進めてください。

この本では着色料を使っていません。果物やスパイス、お酒の自然な色がお菓子の色になっています。そのために使う材料によって色の違いがあります。

電子レンジは500wと600wを使っています。機種によって違いがあるので、様子を見ながら加熱時間を調整してください。

分量は一度に作りやすい分量にしているので、余る場合があります。39、81ページのように、アレンジして楽しんでください。

生地や餡は乾燥を防ぐために、こまめにラップをするなどしてください。

お菓子の日持ちは、艶干し錦玉は乾燥してから1週間から10日程度。わらび餅は時間が経つとともにかたくなるのでその日中に。錦玉羹、求肥は2日程度は大丈夫ですが作りたてが美味しいです。特にこの本に載っている錦玉羹はやわらかく仕上げるレシピで、水分が出やすく果物の色が変わりやすいので早めに食べることをおすすめします。羊羹、押し物、浮島は2日程度です。果物が入っている浮島は、色や味が変わりやすいので早めをおすすめします。この日数は目安ですので、ご自分で判断して早めにお召し上がりください。

どの調理にも共通ですが、和菓子は材料を手で直接こねたりするので、手をしっかり洗って消毒してから始めてください。素手で触るのが気になる場合は、ビニール手袋などを利用してください。

材料

和菓子の基本の材料

和菓子のベースになる材料です。このベースに9ページの材料を合わせて味を作ります。材料は製菓材料店やスーパーで購入できます。

1 粉類
和菓子の粉にはたくさんの種類があります。主にうるち米を原料とした上新粉、もち米を原材料とした白玉粉、上南粉、寒梅粉を使い、プラスして小麦を原材料とした薄力粉を使っています。そのほかの粉状のものとして、艶干し錦玉、錦玉羹、羊羹で使う海藻が原料の粉寒天、わらびの根が原材料の本わらび粉を使います。

2 砂糖類
よく使うのは、上白糖やグラニュー糖などの一般的な砂糖です。わらび餅にきび砂糖、レシピによっては上品な甘さの和三盆糖、こくのある黒糖、乾燥防止とつやが出る水飴を使います。ほかにははちみつやメープルシロップなどもあります。

3 餡類
こし餡と白こし餡を使っています。

4 卵
卵黄と卵白に分けて浮島には両方、淡雪羹には卵白のみを使います。卵白を使うときは、しっかりと泡立てます。

プラスの味を作る材料

アレンジ和菓子の特徴のひとつになる材料です。

1 果物

りんご、洋梨、金柑、ぶどう、キウイ、パッションフルーツなど季節の果物、野菜の生姜や菊の花も使います。

2 ナッツやドライフルーツ

凝縮した美味しさがあり、きざんで混ぜたり、羊羹をつけたりします。

3 スパイス類

オレガノ、ブラックペッパー、ローズマリー、タラゴン、ナツメグ、五香粉、山椒を使います。

4 ピューレやシロップ類

フランボワーズピューレ、パッションフルーツシロップ、マロンクリームを使います。

5 乳製品類

主に洋菓子に使われる材料です。生クリーム、クリームチーズ、サワークリーム、ココナッツミルクやココナッツクリーム、牛乳を使います。材料は洋菓子でも作り方は和菓子です。

6 チョコレートや砂糖漬け類

大納言甘納豆、マロングラッセ、オレンジピールなどしっかりとした味が決め手になります。チョコレートは湯煎し、純ココアパウダーは混ぜるだけでなく、まぶす用としても使います。

7 葉っぱ類

桜葉の塩漬け、赤紫蘇、茶葉、抹茶を使います。葉脈などは食感を損なわないように取り除きます。

8 お酒、ジュース類

パイナップルやざくろの果物のジュース、カルピスを使います。お酒はコアントロー、貴腐ワイン、キルシュ酒、梅酒、フランボワーズリキュール、アマレット、白ワイン、杏露酒、ラム酒、シェリー酒、ウイスキーを使います。

9 そのほか

金箔、笹、竹の皮は飾りや仕上げに使います。製菓材料店で購入できます。

道具

和菓子作りに使う主な道具を紹介します。ここに紹介しているものは最低限必要なものです。使いやすいもの、普段使っているものを使用してください。

煮る、蒸すもの

直径18㎝くらいの鍋が便利です。蒸し器は本書で作るレシピの場合は1つで足りますが、2つあると便利です。ステンレスを使っていますが、中華せいろでもかまいません。

計量するもの

計量カップと電子スケールは必須です。果物の水分などの関係で仕上がりのかたさなどに違いが出ることがありますが、きちんと分量を計ることが基本です。

混ぜたり並べたりするもの

ボウルは各サイズあると便利です。押し物のように火を使わない和菓子は、ボウルの中で混ぜて作ります。バットは25㎝サイズのものをよく使います。

形を作るもの

流し缶という型に入れて成形することがほとんどですが、普段使っている型でかまいません。流し缶は底が二重になっていて一枚が持ち上がる仕組みになっているので便利です。錦玉羹などを流し入れたり、押し物を作るとき、浮島を蒸すときにも使います。抜き型もあると楽しめます。艶干し錦玉や押し物の型抜きに使えば形のバリエーションが増えます。ただ中に果物などが入っているお菓子は、きれいに型が抜けない場合もあります。

混ぜる、分ける、ふるうもの

混ぜるための木べらやホイッパー、分けるためのヘラやカード、ふるったりこすための茶こしやふるいも揃えておきます。

そのほか

包丁やまな板はもちろんのこと、レモンしぼり器、皮をすりおろすグレーター、菜箸、さらしふきん、クッキングシート、網などもレシピに合わせて用意してください。定規は厚みや幅を揃えて仕上がりのカットをするときに使います。

各和菓子の基本の作り方

艶干し錦玉

22ページの桜葉の艶干し錦玉で解説します。桜葉とキルシュ酒を入れずに作るとシンプルな艶干し錦玉に、桜葉とキルシュ酒の代わりに違う材料を入れると各レシピの艶干し錦玉になります。

1　桜葉を軽く流水で洗い、筋を取って細かくきざむ。

2　鍋に水と粉寒天を入れ、強火にかける。最後まで強火のまま作る。

3　粉寒天を溶かし、中心まで沸騰させる。

4　グラニュー糖を加えて溶かす。

5　再度中心まで沸騰したらキルシュ酒ときざんだ桜葉を加えて煮詰める。

6　木べらにようじなどをつけて、糸をひくまで煮詰める。粗熱がとれたら型に流し入れる。粗熱をとる目安は、1秒くらい鍋底が触れるかどうか。

7　中に桜葉などの固形物を入れなければ、粗熱をとらなくてもよい。固形物が入っている場合は、熱いまま入れると上部に集まる。

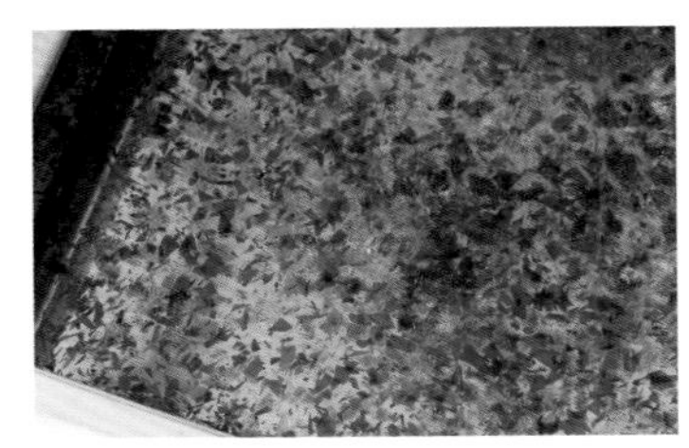

8　約1日乾燥させる。表面に砂糖の再結晶が出てくる。

9　型からはずして表面をきれいにそぎ落とし、好みの形にカット。やわらかく仕上げるタイプはここで表面にグラニュー糖をまぶす。

10　鉱物のようにしたい場合は、角をカットしてごろっとした形にする。

11　クッキングシートの上に並べて3〜7日程度乾燥させる。ごみを防ぐためにラップなどをかけるときは、ふわっとすき間をあけてかける。

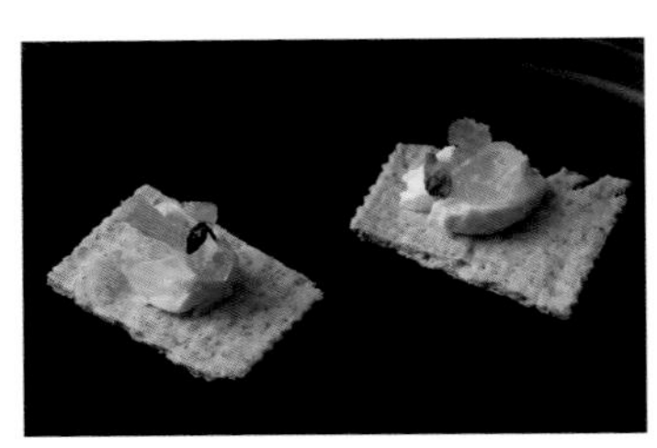

カットして残ったカケラはトッピングに使えます。クラッカーの上にクリームチーズとパッションフルーツの艶干し錦玉、ドライあんずをのせたアレンジレシピ。

錦玉羹

中に果物などを入れるレシピがほとんどです。44ページのデラウエアの水無月で解説します。

1 中に入れる果物の下準備をする。ここではデラウエアを使うので皮から出す。

2 鍋に水と粉寒天を入れ、強火にかける。

3 粉寒天を溶かし、中心まで沸騰させる。

4 グラニュー糖を加えて溶かす。

5 再度中心まで沸騰させる。

6 コアントローとレモン汁を加える。

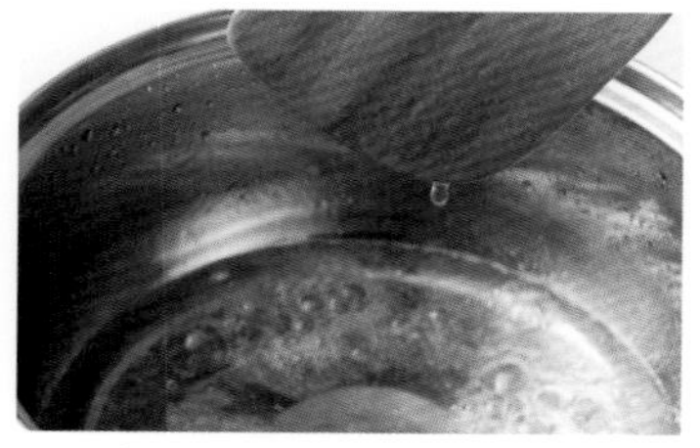

7 木べらからぽたぽたとたれるくらいまで煮詰める。

8 1のデラウエアをそのまま加えて軽く沸騰したら火を止める。

9 すぐに冷水につける。加熱しすぎると、デラウエアの色が抜けてしまうので注意。

10 粗熱がとれたら型に流し入れる。

11 バットにふきんなどを敷いて型を傾けて固定する。冷蔵庫で1時間ほど冷やし固めれば完成。ゆらしてみて固まり具合を見る。厚みがある場合は、長めに冷やして固めるとよい。固まったら型から取り出し、好みの形にカットする。

浮島

パウンドケーキのように見えますが、餡のベースに粉と砂糖を加えて蒸したお菓子です。餡のみで作っても美味しく、また本書のようにコンポートした果物やナッツなどを入れてアレンジも楽しめます。36ページの金柑とローズマリーの浮島で解説します。

1 ボウルに白餡を入れ、グラニュー糖2/3 を加えてすり混ぜる。

2 湯煎して溶かしたホワイトチョコレートを加えて混ぜる。

3 卵を卵黄と卵白に分け、卵黄のみを加えて混ぜる。

4 中に入れる材料を細かく切る。アーモンドはきざみ、金柑は細切り、ローズマリーは手で細かく折る。

5 3に4を加えてざっくりと混ぜる。貴腐ワインを加えて混ぜる。

6 ふるった薄力粉と上新粉を加えてさくっと混ぜる。

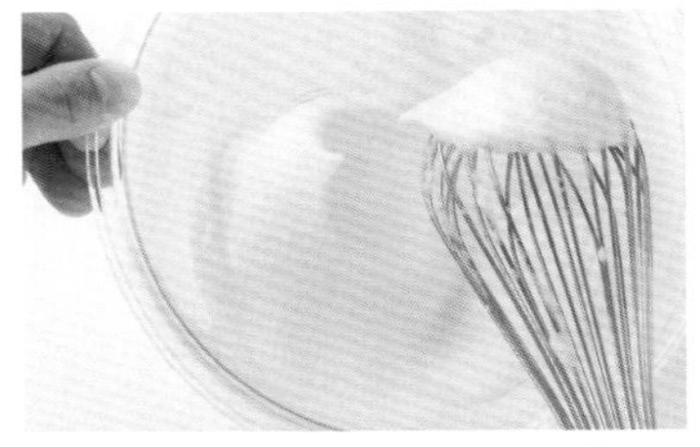

7 別のボウルに卵白を入れ、残りのグラニュー糖を加えて、おじぎするくらいの角が立つまで泡立てる。

8 6に7の卵白を2～３回に分けて加えて混ぜる。

9 生地の完成。型に流し入れる。

10 蒸し器に入れて強火で23分蒸す。

11 蒸し上がったら竹串を生地に刺して、火が通っているかを確認する。竹串に生地がつく場合は、もう少し蒸す。

12 型から取り出し、網の上などにのせて粗熱がとれたら完成。

求肥

本書では、ゆでて作る方法と電子レンジで作る方法をレシピに合わせて使い分けています。電子レンジで作る方法は比較的簡単なので、基本ではゆでて作る方法を解説します。

1　ボウルに白玉粉を入れ、水を少しずつ加えて粒をつぶすようにこねる。粉に対して約80%の水が適量だが、季節によって調整する。

2　耳たぶくらいのかたさ、引っ張ると少し伸びるくらいにこねる。棒状にして割ると、耳元でポンと音がするくらい。

3　丸く伸ばして中心に穴をあけ、ドーナツ状にする。中心に穴をあけることで熱が均一に入る。

4　沸騰したお湯に入れ、浮いてきてしばらくしたら上下を返し、5分くらいゆでる。くたくたになり周囲がふわふわしてきたら引き上げる。

5　別の鍋に移して弱火で練る。適宜水を加えながら焦げないようにする。なめらかになればOK。

6　グラニュー糖を3回に分けて加える。まず1/3を加えて練り、残りのグラニュー糖を半分ずつ加える。

7　焦げないように少し水を加えながら練る。

8　木べらで持ち上げて手につけてみて、つやと伸びを確かめる。手にくっつかなければOK。

9　シロップの上に出す方法。クッキングシートの上にシロップを伸ばし、求肥がくっつかないようにする。

10　9の上に鍋から求肥を出す。

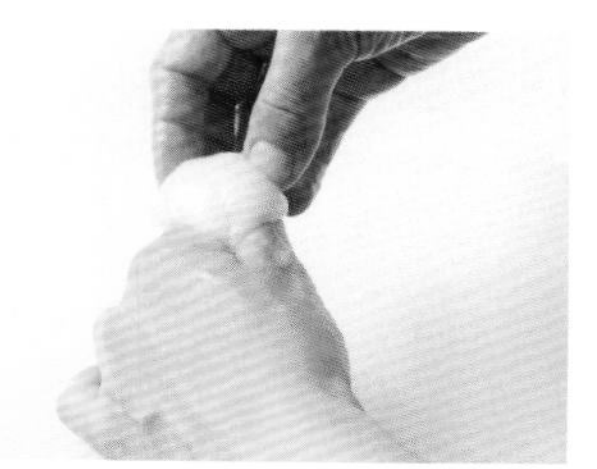

11　手にもシロップをつけ、適量の求肥をひねってちぎり分ける。これで完成。

押し物

100ページのラムレーズンとオレンジピールの押し物で解説します。ラムレーズンやオレンジピールなどの中に入れる材料を変えて楽しめます。
基本では電子レンジを使って餡の水分をとばしていますが、追加するお酒やピューレなどの水分量がもっと多い場合は鍋で練ります。お酒やピューレなどを加えずベースになる餡やマロンクリームの水分をとばす必要がない場合は、材料を混ぜるだけで押し固めます。追加する水分量の多い少ないのほかに、アルコール感を残したい場合は電子レンジを使用するなど使い分けています。

1　ラムレーズンとオレンジピールをきざむ。

2　耐熱ボウルに白餡を入れ、電子レンジにかけて水分をとばす。

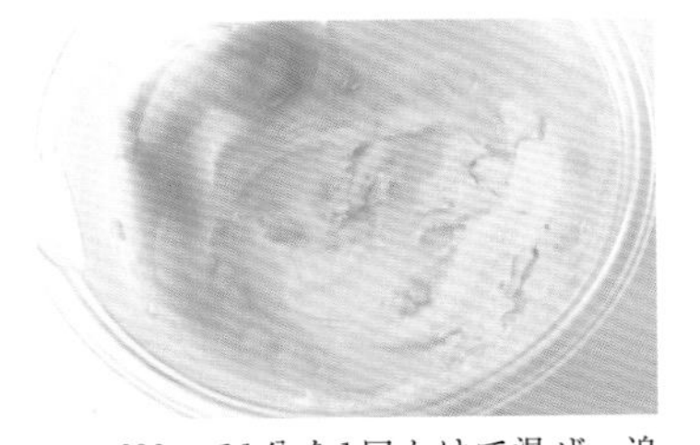

3　600wで1分を1回かけて混ぜ、追加で600wで30秒をかけて混ぜることを2回繰り返すと、ぱさぱさとした状態になる。

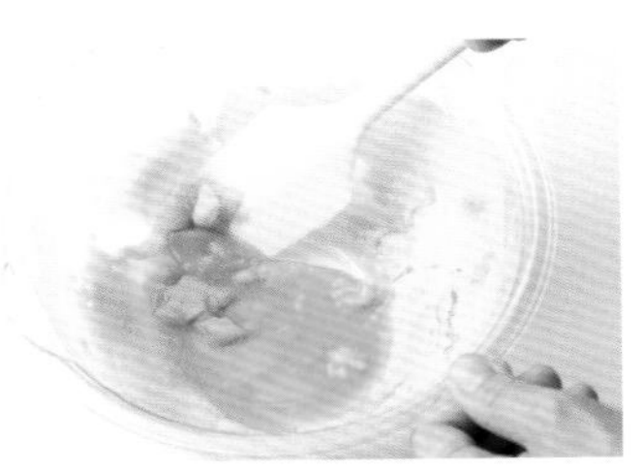

4　ラム酒を加えて混ぜ、再度電子レンジにかける。

5　600wで1分を1回かけて混ぜ、追加で600wで30秒を2回かけて混ぜることを繰り返す。混ぜるとこのくらいのぱさぱさ加減。

6　上白糖を加え、すり合わせるように混ぜる。

7　上白糖が混ざったら、きざんだラムレーズンを加えて混ぜる。ラムレーズンは水分が多いので粉よりも先に入れ、この後の粉に水分を吸わせる。

8　上南粉を加えて、切るように混ぜてなじませる。次に寒梅粉を加えて、同様に混ぜてなじませる。

9　手ですり合わせてなじませる。こうすることでより均一に混ざる。

10　ボウルにふるいを重ね、9を1/3ずつふるいに入れてラムレーズンが潰れないようにふるい落とす。粉は下に落ち、ラムレーズンの一部が上に残る。

11　上に残ったラムレーズンを下のボウルに移し入れ、オレンジピールを加えて軽く混ぜ合わせる。

12　型に入れる。

13 角はお箸を使ってきれいに隅まで入れる。

14 別の型の中底を上にのせて、重しなどを置いて約1日押し固める。

15 表面が平らになり、しっかりと固まったところ。

16 型から取り出し、好みの形にカットすれば完成。

わらび餅

本わらび粉から本わらび餅を作ります。作り方は簡単ですが、手早くしっかり練ることがポイントです。

1 鍋に本わらび粉ときび砂糖を入れ、大まかに溶ければ火をつけて中火にし、底がくっつかないように木べらを動かす。かたまりができてくる。

2 手早く練っているうちに、だんだんと透明感が出てくる。

3 しっかりと熱を入れ、半透明になってきたところ。このくらいのつやと伸びが出るまで練る。

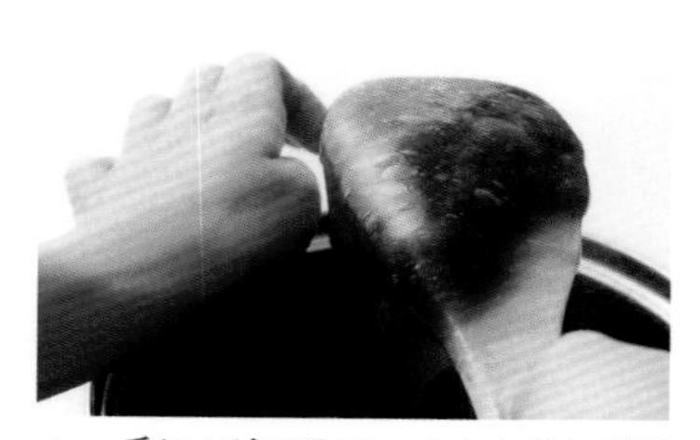

4 手につけてみて、つかなければ練り上がり。

5 氷水に入れて分ける方法。氷水の中に4を流し入れる。

6 適量のわらび餅をひねってちぎり分ければ完成。

7 わらび餅にきな粉やココアをまぶすときは、まぶしたい粉をバットに入れ、その中にわらび餅を流し入れる。わらび餅の塊を内側に粉が入らないように半分に折ってから適量のわらび餅をひねってちぎり分ける。

羊羹

98ページの少量の材料で作るスパイシー羊羹で解説します。お酒やスパイスを入れずに作ると、水、寒天、砂糖の分量は少し変える必要がありますがシンプルな羊羹になります。

1　鍋に水と粉寒天を入れ、強火にかける。

2　粉寒天を溶かし、中心まで沸騰させる。

3　グラニュー糖を加えて溶かし、再度中心まで沸騰させる。

4　餡を加えて溶かしながら練る。

5　ラム酒と五香粉を加える。

6　木べらからぼたぼたとたれるくらいまで練る。真ん中、左右と木べらを動かして焦げないように練る。

7　はちみつを加えて火を止める。はちみつや水飴は乾燥防止になる。

8　型に流し入れ、固める。固まったら型から取り出し、好みの形にカットすれば完成。

9　ディップにする場合は、7ではちみつを入れ少し冷ましてから、ナッツやドライフルーツをくぐらせる。すりきり棒などで余分な羊羹を落とす。

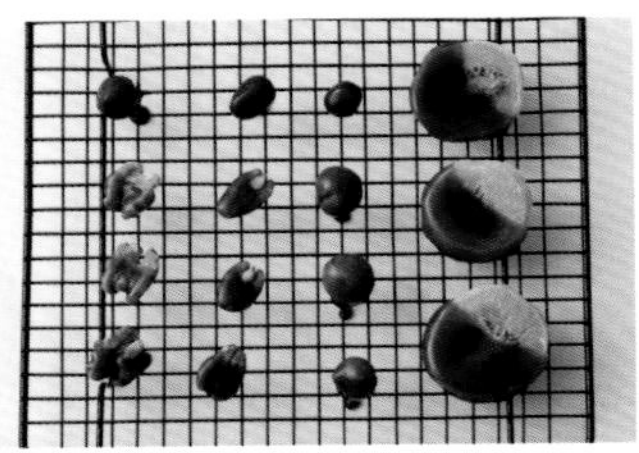

10　網の上などに並べて乾燥させれば完成。

羊羹の上に何かをのせる場合は、8で型に流し入れた段階で、上にのせます。これをカットすると81ページのような羊羹バーになります。

餡

本書では白餡とこし餡を使っています。作り方はほぼ同じなのでこし餡で解説します。違う部分は白餡のポイント解説を入れています。

❀材料

こし餡

小豆　200g
グラニュー糖　228g

白餡

手亡豆　200g
グラニュー糖　180g

小豆の方が煮上がり量に対する皮の量が少ないので、グラニュー糖の量が多くなる。

1　豆を水洗いし、鍋に豆と水を入れる。水の量は豆の上部から2cmほど上まで入れる。

2　強火で豆を煮る。沸騰して2、3分したら冷水を加えて温度を下げる。

3　水の量が増えてきたら、お玉などですくって水を捨てる。これを豆のしわが伸びるまで繰り返す。豆の表面はつるつる→しわ→ふくらんでしわが伸びるといった段階で変化する。

4　ここではまだしわがよった状態。

5　しわが伸びてふっくらしたらザルにあげて煮汁を捨てる（渋切り）。左がゆでる前なので、約2〜3倍が目安。

6　こし餡は7に進むが、白餡は煮汁を捨てた後、さらに水を加えて沸騰させる。冷水を加えて沸騰させることを繰り返し、煮汁が黄色くなるまで煮たらザルにあげて煮汁を捨てる（渋切り）。白豆の方がアクが強いのでこの工程が追加される。

7　鍋に5（6）の豆と豆が隠れるくらいの水を入れ、さらしなど（クッキングペーパーでも可）で落としぶたをして煮る。沸騰したら弱火にし60〜120分煮る（本煮）。さらしは豆が踊ってつぶれないようにするためにかぶせる。

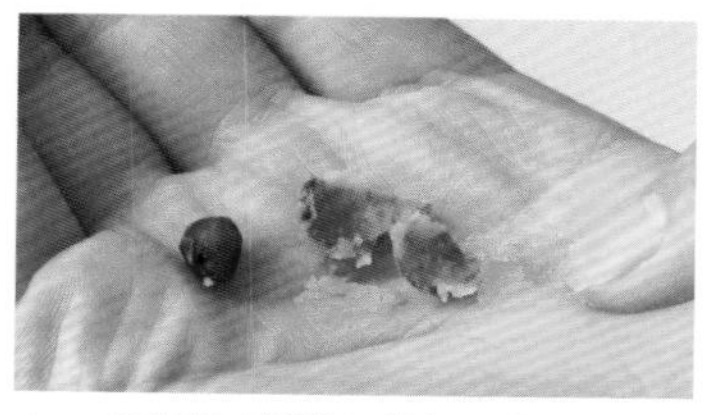

8　豆が指で簡単に潰れるくらいまで煮る。煮汁をある程度捨て、冷水をかけて冷ます。

9　ざるで裏ごしをする。豆を少しずつのせ、水をかけながら裏ごしする。

10　木べらで潰して水をかけ、こした呉（餡粒子）は下に皮は上に残る。この皮は捨てる。

11 こしたらさらに水を加え、上水を捨てる。上水が半透明になるまで繰り返す。

12 さらしふきんをざるなどにかぶせ、中に11をゆっくり入れる。下に沈殿している呉（餡粒子）もすべてさらしふきんに落とす。

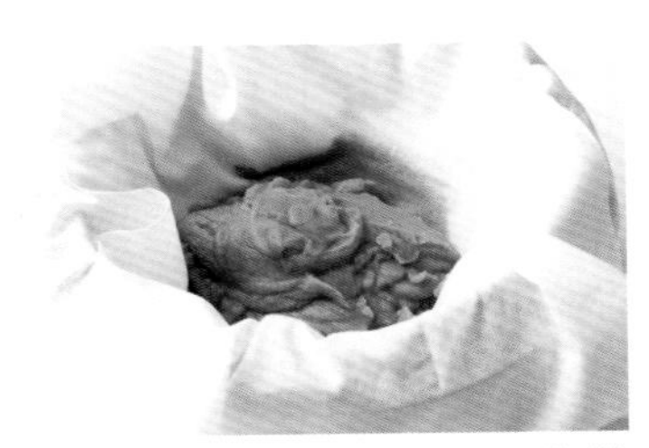

13 すべて入れて、ふきんの中に呉（餡粒子）が残った状態。

14 さらしふきんの端をまとめて持ち、絞って水気を切る。

15 水気が絞れたところ。これが生餡。

16 鍋に生餡とグラニュー糖を入れ、焦げないように気をつけながら約20分練る。

17 角が立つまで練る。生餡とグラニュー糖が混ざり、なめらかになる。

18 バッドに少量ずつ広げ、粗熱をとれば完成。

春

春にぴったりのやわらかい色合いの和菓子を紹介します。苺や金柑をお酒でコンポートしてから錦玉羹や浮島に使いますが、コンポートはそのままでも美味しくいただけます。ウエルカムスイーツとしてコンポートをクラッカーやクリームチーズなどと合わせ、メインに浮島や錦玉羹をいただくなど、和菓子のコースのような楽しみ方もできます。新茶の季節でもあるので丸ごと茶葉をいただくレシピや、雛祭りやお祝いに使える紅白の押し物も紹介しています。

32ページのフランボワーズとアマレットの押し物をラッピング。
透明な袋に経木を敷いて紐で結ぶだけで見せるラッピングになります。

桜葉の艶干し錦玉

難易度 ◆

桜の葉の塩漬けを混ぜ込んだ艶干し錦玉です。
さくらんぼのお酒・キルシュ酒と桜の葉の塩味が引き立て合い、より春らしい香りが立つようにしました。

・12ページの基本の艶干し錦玉の作り方をこのレシピで解説しています。

❀材料（14×11cm流し缶1個分）

粉寒天　4g
水　200g
グラニュー糖　360g
キルシュ酒　3g
桜の葉の塩漬け　2〜3枚

❀下準備

・桜葉を軽く流水で洗い、筋を取って細かくきざむ。

❀作り方

1 鍋に水と粉寒天を入れ、中心まで沸騰させる。
2 グラニュー糖を加え再度中心まで沸騰したら、キルシュ酒ときざんだ桜葉を加える。ようじなどにつけて糸をひくまで煮詰める。
3 粗熱がとれたら、型に流し入れる。
4 約1日乾燥させたあと型からはずし、表面をそぎ落とす。好みの型抜き、カットなどをして3〜7日程度乾燥させる。

梅酒の艶干し錦玉

難易度 ◆

甘いだけじゃなくまろやかさもある梅酒が主役。
コアントローのオレンジの香りを少し足すことでより華やかに。

・基本の艶干し錦玉の作り方は12ページ。

❀材料（14×11cm流し缶1個分）

粉寒天　4g
水　200g
グラニュー糖　360g
梅酒　80g
コアントロー　10g
仕上げのグラニュー糖　適量

❀作り方

1 鍋に水と粉寒天を入れ、中心まで沸騰させる。
2 グラニュー糖を加え再度中心まで沸騰したら、梅酒とコアントローを加える。ようじなどにつけて糸をひくまで煮詰める。
3 型に流し入れる。
4 約1日乾燥させたあと型からはずし、表面をそぎ落とす。好みの型抜き、カットなどをして仕上げのグラニュー糖をまぶし、3〜7日程度乾燥させる。

春が香る2つの艶干し錦玉。桜葉は表面がパリッと、梅酒は程よいやわらかさとグラニュー糖のシャリシャリ感。

金柑の錦玉羹の餡包み

難易度 ◆◆

金柑のほろ苦さと白餡の甘さが引き立て合います。
錦玉羹で包むというひと手間をかけたアレンジです。

・26ページから写真解説があります。基本の錦玉羹の作り方は13ページ。

❀材料（18×18cm流し缶1個分）

金柑のコンポート

グラニュー糖　45g
貴腐ワイン　45g
コアントロー　45g
金柑　135g

錦玉羹

粉寒天　0.8g
水　90g
グラニュー糖　50g
コアントロー　2.5g
白餡　120g
金箔　適量

❀下準備

・白餡を15gずつ、俵型に丸める。

❀作り方

金柑のコンポート

1 すべての材料を鍋に入れ、弱火で金柑の皮がくたくたになるまで煮る。
2 冷めたら細長く切り、型に並べる。

錦玉羹

3 鍋に水と粉寒天を入れ、中心まで沸騰させる。
4 グラニュー糖を加え再度中心まで沸騰したら、コアントローを加え、木べらからぽたぽたとたれるくらいまで煮詰める。
5 細長く切った金柑を並べた型に、4を流し入れる。
6 固まったら9×4.5cmの大きさに切り分け、金箔を好みで置いて白餡を包む。

・型についている側が外になるように餡を包み、金箔は餡側の錦玉羹につけるときれいに仕上がる。

 透明な錦玉羹の衣をまとっているように。錦玉羹のぷるぷる、白餡のなめらかさ、金柑の果物感がひとつになります。

金柑の錦玉羹の餡包みの作り方

1　白餡を15gずつに分け、俵型に丸める。

2　金柑のコンポートを作り、細長く切る。

3　18×18cmの型に、2を並べる。

4　鍋に水と粉寒天を入れて中心まで沸騰させ、グラニュー糖を加えて再度中心まで沸騰させる。最後にコアントローを加えて煮詰める。13ページの錦玉羹の作り方参照。

5　金柑のコンポートを並べた型に、4を流し入れる。全部入れると、金柑が浸るくらいになる。

6　固まったら型から取り出し、9×4.5cmに切り分ける。

7　金箔を竹串でのせる。

8　切り分けた一枚を手のひらにそっとのせ、1の白餡を中心より手前にのせる。

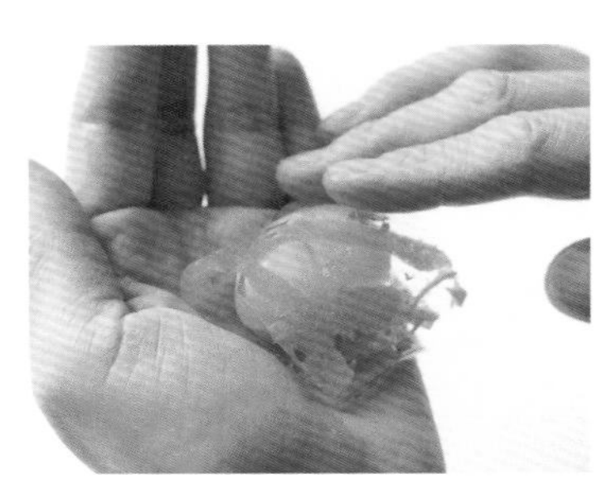

9　破れないように気をつけながら、錦玉羹を二つ折りして白餡を包めば完成。

金柑のコンポートについて

金柑は洗って縦に浅く切り込みを入れるか、ようじなどで穴をあけておきます。へたは先に取り除くか、煮込んで細長く切るときに取り除きます。24ページの材料は必要な分量にしていますので、金柑の上部が浸らず出てしまう場合は小さめの鍋で作るか、落としぶたなどをして途中で金柑の上下をひっくり返します。普段はほかのお菓子やクラッカーなどに合わせて使うために、鍋のサイズに合わせてひたひたに浸かるくらいの分量で作っています。金柑がひたひたに浸るときは、落としぶたなどせず弱火でコトコト煮れば出来上がりです。

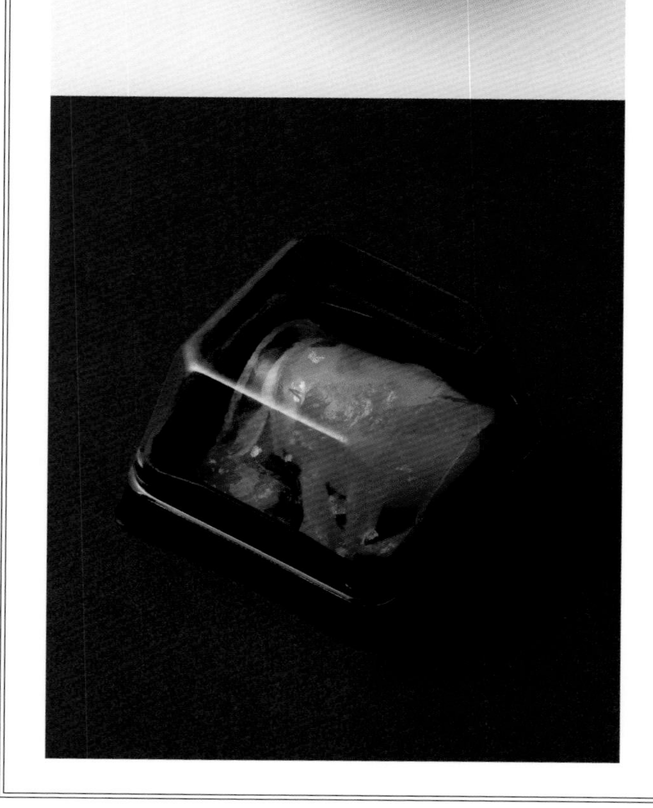

やわらかく水分量の多い錦玉羹を手土産にするときは、ルミアカップを使います。ルミアカップは製菓材料店、ラッピング用品の店、ネットの通信販売でも購入できます。

緑茶羹

難易度 ◆

茶葉とレモンのさわやかさと、ほんのりとした和三盆糖の甘さが上品な錦玉羹です。
茶葉が1か所にかたまって食感が悪くならないように、
粗熱をとってから型に流し入れると茶葉が全体に広がります。

・基本の錦玉羹の作り方は13ページ。

❀材料（9×4.5cmのパウンド型4つ分）

粉寒天　2g
水　150g
グラニュー糖　100g
和三盆糖　50g
レモン汁　5g
煮出したお茶　100g
┌水　250g
└茶葉　15g
煮出したお茶に使った茶葉　10g

❀下準備

・鍋に水250g、茶葉15gを入れて弱火で煮て、お茶を作る。

❀作り方

1 鍋に水と粉寒天を入れ、中心まで沸騰させる。
2 グラニュー糖と和三盆糖を加え再度中心まで沸騰したら、木べらからぽたぽたとたれるくらいまで煮詰める。
3 レモン汁を加え、また木べらからぽたぽたとたれるくらいまで煮詰める。
4 煮出したお茶、煮出したお茶を作るときに使った茶葉を加えて火を止める。
5 粗熱がとれたら型に入れ、固める。

29　お酒を使わず、お茶と茶葉で上品な大人の味に。断面によって茶葉の見え方が変わります。

キャラメリゼ・スパイシーソースかけ求肥

難易度 ◆◆

イタリア料理でよく使われるオレガノを使います。オレガノはシソ科で、和名は「ハナハッカ」。さわやかさをプラスしてくれます。
求肥は15ページのようにゆでて作る方法と電子レンジで作る方法があり、和菓子によって美味しいと思う方を選んで使い分けています。

・基本の求肥（ゆでて作る）の作り方は15ページ。

❋材料（仕上がり400g）

求肥

白玉粉　100g
上白糖　200g
水　170g

シロップ（作りやすい分量）

グラニュー糖　50g
水　50g

スパイシーナッツのキャラメリゼ（作りやすい分量）

水　45g
グラニュー糖　50g
メープルシロップ　10g
水飴　30g
くるみ　10g
アーモンド　10g
ピーカンナッツ　10g
かぼちゃの種　10g
松の実　10g
オレガノ　0.8g

❋下準備

・上白糖をふるう。
・くるみは150〜160度、アーモンドは130〜140度のオーブンで10〜20分程度ローストする。
・ナッツ類を粗くきざむ。
・シロップの材料を鍋に入れて沸騰させる。グラニュー糖が溶けたら火を止めて冷ます。

❋作り方

求肥

1 耐熱ボウルに白玉粉を入れ、少しずつ水を入れて粒をつぶし、上白糖を加える。

2 ふわっとラップをかけて500wで2分電子レンジにかけてから混ぜる。追加で500wで2分かけて混ぜることを2回繰り返す。さらに、500wで1分かけて混ぜることを2回繰り返す（必要に応じて500w30秒を追加する）。

3 クッキングシートの上にシロップをぬり、**2**を出して広げて切り分ける。

スパイシーナッツのキャラメリゼ

1 鍋に水とグラニュー糖を入れて火にかけ、沸騰したらきざんだナッツ類、オレガノを加える。

2 少し粘りが出たらメープルシロップを加えて焦げないようにヘラで混ぜ、水分が減ったら水飴を加える。水飴が溶けたら火を止める。

3 切り分けた求肥の上にかける。

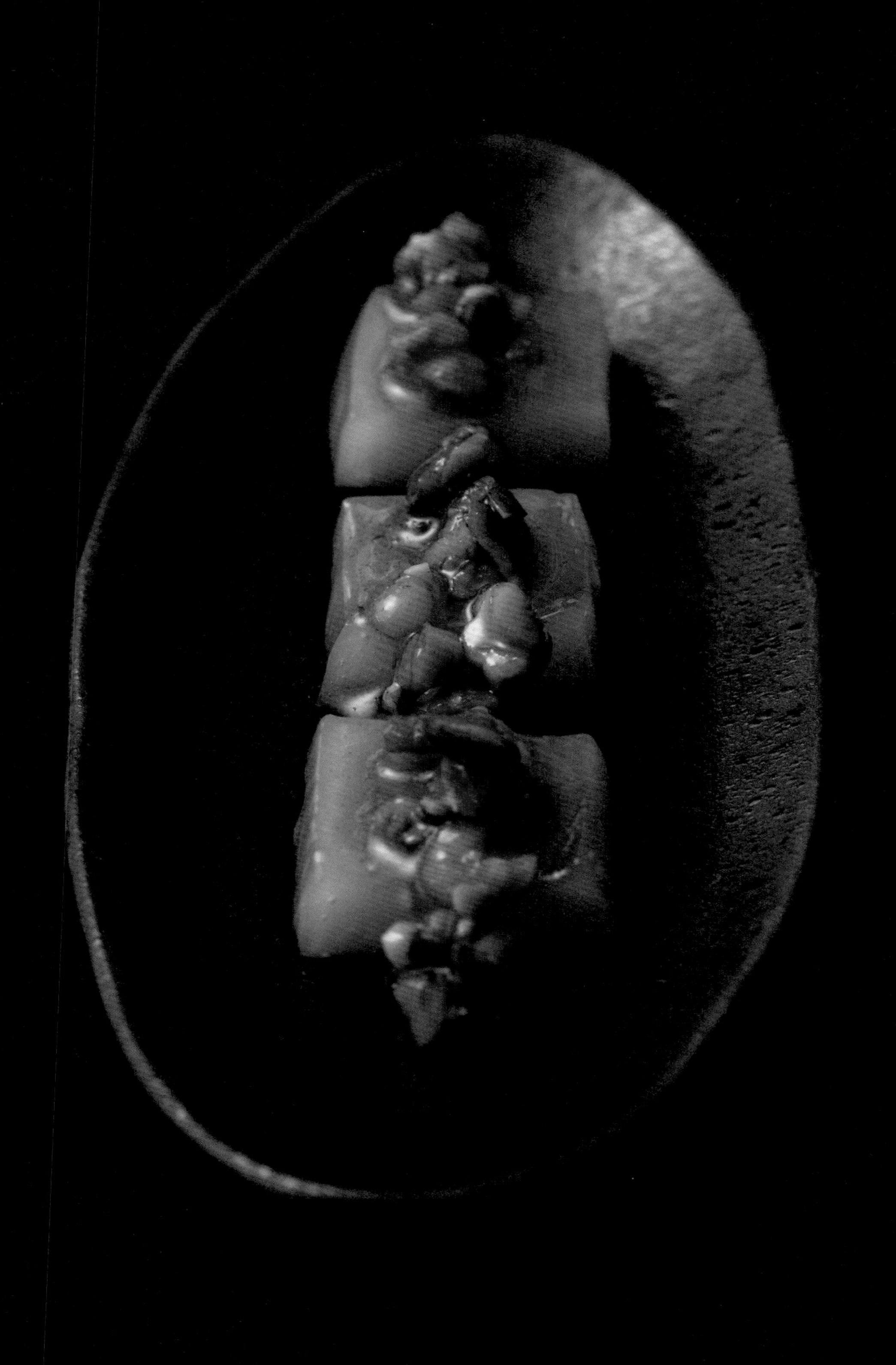

 もっちり求肥とカリカリナッツの2つの食感が楽しめます。甘いだけじゃないさっぱりとしたさわやかさがポイント。

フランボワーズとアマレットの押し物

難易度 ◆◆

甘酸っぱい果実のフランボワーズはドライ、ピューレ、リキュールの3つを使います。アマレットはアーモンドのような香りのするリキュールなので、きざんだアーモンドと合わせます。フランボワーズ餡とアマレット餡でそれぞれの押し物を作り、重ねて押し固めます。

・基本の押し物の作り方は16ページ。

❀材料（14×11cm流し缶1個分）

フランボワーズ

- 上白糖　45g
- 上南粉　20g
- 寒梅粉　15g
- フランボワーズ餡　60g
  - 白餡　45g
  - ワランボワーズリキュール　25g
  - フランボワーズピューレ　30g
- ドライフランボワーズ　3g

アマレット

- 上白糖　45g
- 上南粉　20g
- 寒梅粉　15g
- アマレット餡　60g
  - 白餡　45g
  - アマレット　25g
  - アーモンド　15g

❀下準備

- ・上白糖をふるう。
- ・アーモンドは130〜140度のオーブンで10〜20分程度ローストし、細かくきざむ。

❀作り方

フランボワーズ

1 フランボワーズ餡を作る。鍋に白餡を入れ、フランボワーズリキュールを1／2程度加えて白餡となじませる。

2 中火にかけてフランボワーズピューレを加えて練り、残りのフランボワーズリキュールを加えて約60gになるように練り上げ粗熱をとる。

3 ボウルに上白糖を入れ、**2**の餡を加えてなじませる。

4 上南粉を加えてなじませる。

5 寒梅粉を加えてなじませる。

6 **5**をふるいにかける。

7 ドライフランボワーズを加えて軽く混ぜ合わせ、型に入れて上から押して平らにする。

アマレット

8 アマレット餡を作る。鍋に白餡を入れ、アマレットを1／2程度加えて白餡となじませる。

9 火にかけてきざんだアーモンドを加えて練り、残りのアマレットを加えて約60gになるように練り上げ粗熱をとる。

10 ボウルに上白糖を入れ、**9**の餡を加えてなじませる。

11 上南粉を加えてなじませる。

12 寒梅粉を加えてなじませる。

13 **12**をふるいにかける。

14 **7**の上に入れて押し固め、重しをのせて1日程度置く。好みの形にカットする。

 2層の押し物は、別々に食べても美味しく、一緒に食べればなお美味しい。紅白が見た目にもよく、ひな祭りやお祝いにも使えそうです。

苺と白ワインの浮島

難易度 ◆◆

苺のピンクとタラゴンの緑の組み合わせがきれいな浮島ですが、時間が経つと色が変わりやすいです。使う苺によって生地の色のピンクの加減が変わります。

・基本の浮島の作り方は14ページ。

❀材料（12×7.5cm流し缶1個分）

苺のコンポート 50g

- グラニュー糖 40g
- 白ワイン 35g
- ブラックペッパー（粗挽き） 1g
- レモン汁 5g
- 苺 90g

浮島

- 白餡 50g
- クリームチーズ 75g
- 卵（M） 1個
- グラニュー糖 15g
- 薄力粉 7.5g
- 上新粉 7.5g
- ドライ苺 2g
- タラゴン 1g
- 生クリーム 10g

❀下準備

・卵を卵黄と卵白に分ける。
・薄力粉、上新粉をふるう。

❀作り方

苺のコンポート

1 苺のへたを取って半分にカットし、鍋に入れてグラニュー糖となじませる。

2 苺を木べらでつぶしながら中火にかけ、水分が出たらブラックペッパーを加えて強火にし、白ワインを1／2加える。

3 水分が減ったら残りの白ワインを加えて煮詰める。仕上げにレモン汁を加えて中火にし、約50gまで煮て冷ます。

浮島

4 ボウルにクリームチーズを入れ、グラニュー糖2／3を加えてすり混ぜ、白餡を加えて混ぜ、卵黄を加えて混ぜる。

5 **3**の苺のコンポート、タラゴン、生クリームを加えて混ぜ、薄力粉、上新粉を加えてさくっと混ぜる。ドライ苺を加えて混ぜる。

6 卵白に残りのグラニュー糖を加え、おじぎするくらいの角が立つまで泡立てる。**5**に卵白を2〜3回に分けて加えて混ぜる。

7 型に流し入れ、強火で23分蒸す。

8 生地に火が通っているか竹串を刺して確認し、粗熱をとる。

 見た目かわいく、食べればしっとりとした食感に複雑でひかえめな大人の苺味。

金柑とローズマリーの浮島

難易度 ◆◆

金柑、アーモンド、ローズマリーをホワイトチョコレートの生地でまとめます。ホワイトチョコレートと金柑の味を想像して食べると、予想を超える組み合わせの楽しさに出合えます。

・14ページの基本の浮島の作り方を、このレシピで解説しています。

※材料（12×7.5cm流し缶1個分）

金柑のコンポート

グラニュー糖　45g
貴腐ワイン　45g
コアントロー　45g
金柑　135g

浮島

白餡　100g
卵（M）　1個
グラニュー糖　15g
薄力粉　7.5g
上新粉　7.5g
貴腐ワイン　10g
アーモンド　15g
ローズマリー（乾燥）　1g
ホワイトチョコレート　40g

※下準備

・卵を卵黄と卵白に分ける。
・薄力粉、上新粉をふるう。
・アーモンドを130～140度のオーブンで10～20分程度ローストし、細かくきざむ。
・ローズマリーを手で細かく折る。
・ホワイトチョコレートを湯煎する。

※作り方

金柑のコンポート

1 すべての材料を鍋に入れ、弱火で金柑の皮がくたくたになるまで煮る（27ページも参照）。
2 冷めたら細長く切る。

浮島

3 ボウルに白餡を入れ、グラニュー糖2／3を加えてすり混ぜ、湯煎して溶かしたホワイトチョコレートを混ぜ、卵黄を加えて混ぜる。
4 **2**の細長く切った金柑のコンポート、細かく折ったローズマリー、きざんだアーモンドを加えて混ぜる。
5 貴腐ワインを加えて混ぜる。
6 薄力粉、上新粉を加えてさくっと混ぜる。
7 卵白に残りのグラニュー糖を加え、おじぎするくらいの角が立つまで泡立てる。**6**に卵白を2～3回に分けて加えて混ぜる。
8 型に流し入れ、強火で23分蒸す。
9 生地に火が通っているか竹串を刺して確認し、粗熱をとる。

 浮島ならではの餡のしっとりと卵白をいかしたふんわりやわらかさはそのままに、洋と和のミックス感がクセになります。

春のラッピング

春を告げる新緑や蕾が膨らみ始めた花のように、ふわっとやわらかく優しい色を使いたくなります。紙は主に和紙、紐はアジアンコードを使っています。

木々の芽吹き

若菜色は小倉紙を使いました。緑色と金色の紐で松結びをし、生命力に溢れ木々が芽吹く様子をイメージして。

春のうきうきする気持ち

紙は模様がはっきりしていて動きのあるものを選びました。銀色の紐で、紐先が上の伸びる四つ手淡路結びで軽やかさを。

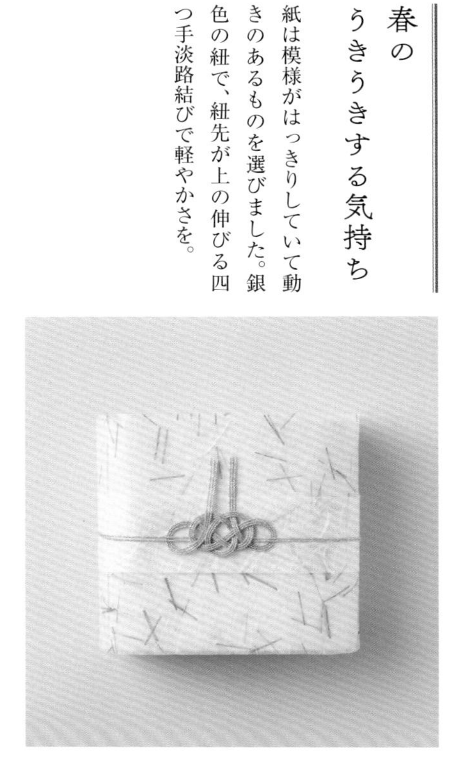

春の訪れ

ピンク色の紙は美濃和紙の麦入紙です。紐も優しい色で作ったつゆ結びを縦に引っ張って伸ばし、縦にかけることでまっすぐ伸びていくような清々しさを出しました。

かきつばた

きりりと美しいかきつばたそのままの印象です。平結びできりりと引きしめました。尾形光琳「燕子花図屏風」をイメージして。

夏

南国系の果物やさっぱりしたのどごしのものが食べたくなります。パッションフルーツやシャインマスカットなどジューシーで美味しい果物をたくさん使います。夏らしい明るい色合いが、透明感のある錦玉羹や艶干し錦玉からのぞいているときれいです。籠を使ったラッピングも涼しげでぴったり。穢れを祓い清め、無病息災を祈願しながら大きな茅の輪くぐりをする夏越の祓に合わせ、水無月のアレンジも紹介しています。

余った材料のお楽しみ。餡、ラムレーズン、オレンジピールをアイスクリームと合わせ、クラッカーにつけてウエルカムスイーツや食後のお楽しみとして。

ほのかな辛味が感じられる艶干し錦玉。

新生姜の艶干し錦玉

難易度 ◆

夏になると出回る赤い茎の部分がついた新生姜。
普通の生姜に比べて辛味が穏やかなので、和菓子にも使いやすい食材です。
新生姜をはちみつ漬けにして入れれば、
ふわっと生姜の風味が広がり後をひく美味しさです。

・基本の艶干し錦玉の作り方は12ページ。

❀材料（14×11cm流し缶1個分）

粉寒天　4g
水　200g
グラニュー糖　360g
キルシュ酒　3g
新生姜のはちみつ漬け　50g
　新生姜　85g
　はちみつ　適量

❀下準備

・新生姜をスライスし、生姜の上まで浸る程度のはちみつに1週間漬けて新生姜のはちみつ漬けを作る。
・新生姜のはちみつ漬けを細かくきざむ。

❀作り方

1 鍋に水と粉寒天を入れ、中心まで沸騰させる。
2 グラニュー糖を加え再度中心まで沸騰したら、キルシュ酒ときざんだ新生姜のはちみつ漬けを加える。ようじなどにつけて糸をひくまで煮詰める。
3 粗熱がとれたら、型に流し入れる。
4 約1日乾燥させたあと型からはずし、表面をそぎ落とす。好みの型抜き、カットなどをして3～7日程度乾燥させる。

酸味と苦味のある艶干し錦玉は、夏に甘くてもさっぱり食べられます。

レモンと杏露酒の艶干し錦玉

難易度 ◆

夏の定番食材のレモンは、杏露酒と合わせて酸味と甘さのバランスを取り、より香り高く。薄くカットすると、パリパリとした食感が楽しめます。

・基本の艶干し錦玉の作り方は12ページ。

❋材料（14×11㎝流し缶1個分）

粉寒天　4g
水　200g
グラニュー糖　360g
杏露酒　10g
レモンの皮　8g

❋下準備

・レモンの皮をすりおろす。

❋作り方

1 鍋に水と粉寒天を入れ、中心まで沸騰させる。
2 グラニュー糖を加え再度中心まで沸騰したら、レモンの皮と杏露酒を加える。ようじなどにつけて糸をひくまで煮詰める。
3 粗熱がとれたら、型に流し入れる。
4 約1日乾燥させたあと型からはずし、表面をそぎ落とす。好みの型抜き、カットなどをして3〜7日程度乾燥させる。

見た目と食感のインパクトも美味しさのひとつです。

パッションフルーツの艶干し錦玉

難易度 ◆

パッションフルーツのゼリー状の果肉とパリッとした種の食感をいかし、表面をやわらかく仕上げることで素材感をより引き立たせます。甘酸っぱさが勝ちすぎないように、ココナッツミルクでまろやかさをプラス。

・基本の艶干し錦玉の作り方は12ページ。

❀材料（14×11㎝流し缶1個分）

粉寒天　4g
水　200g
グラニュー糖　360g
貴腐ワイン　30g
ココナッツミルク　40g
パッションフルーツ　80g
仕上げのグラニュー糖　適量

❀下準備

・パッションフルーツの果肉と種を取り出す。

❀作り方

1 鍋に水と粉寒天を入れ、中心まで沸騰させる。

2 グラニュー糖を加え再度中心まで沸騰したら、貴腐ワイン、ココナッツミルク、パッションフルーツを加える。ようじなどにつけて糸をひくまで煮詰める。

3 粗熱がとれたら、型に流し入れる。

4 約1日乾燥させたあと型からはずし、表面をそぎ落とす。好みの型抜き、カットなどをして仕上げのグラニュー糖をまぶし、3～7日程度乾燥させる。

貴腐ワインは香りだけでなく、味に深みも与えてくれるのでよく使うお酒。

赤紫蘇と貴腐ワインの艶干し錦玉

難易度 ◆

赤紫蘇の自然の色がとてもきれいに出ます。そこに紫蘇独特の香りがたち、味も見た目も和の美味しさが詰まっています。

・基本の艶干し錦玉の作り方は12ページ。

❀材料（14×11cm流し缶1個分）

粉寒天　4g
水　200g
グラニュー糖　360g
貴腐ワイン　5g
キルシュ酒　3g
赤紫蘇　2～3枚

❀下準備

・赤紫蘇は、筋を取り細かくきざむ。

❀作り方

1 鍋に水と粉寒天を入れ、中心まで沸騰させる。
2 グラニュー糖を加え再度中心まで沸騰したら、貴腐ワイン、キルシュ酒、きざんだ赤紫蘇を加える。ようじなどにつけて糸をひくまで煮詰める。
3 粗熱がとれたら、型に流し入れる。
4 約1日乾燥させたあと型からはずし、表面をそぎ落とす。好みの型抜き、カットなどをして3～7日程度乾燥させる。

デラウエアの水無月

難易度 ◆

夏越の祓に食べる水無月。
ういろうや葛製の生地に小豆をのせ、三角形にカットしたものがよくありますが、
それを真似てデラウエアで水無月を作りました。
デラウエアは鍋の粗熱をとってから入れると色がさらに鮮やかになりますが、
多少加熱したほうが甘みが増します。

・13ページの基本の錦玉羹の作り方を、このレシピで解説しています。

❋材料（14×11cm流し缶1個分）

粉寒天　1g
水　100g
グラニュー糖　70g
コアントロー　7g
レモン汁　7g
デラウエア　45g

❋下準備

・デラウエアを皮から出す。

❋作り方

1 鍋に水と粉寒天を入れ、中心まで沸騰させる。
2 グラニュー糖を加え再度中心まで沸騰したらコアントローとレモン汁を加え、木べらからぽたぽたとたれるくらいまで煮詰める。
3 デラウエアを加え、軽く沸騰したら火を止める。加熱しすぎると、デラウエアの色が抜けてしまうので注意する。
4 鍋を冷水につけ、粗熱がとれたら型に入れ、型を斜めに固定して固める。

 デラウエアを氷に閉じ込めたような透明感。

キウイ羹

難易度

夏の太陽のようなキウイのビジュアルを楽しめる和菓子です。
甘酸っぱいキウイに、カルピスの乳酸や
ココナッツミルクのまろやかさをプラスして、
子供でも楽しめる味わいにしました。

・基本の錦玉羹の作り方は13ページ。

❊材料（14×11cm流し缶1個分）

ココナッツカルピス羹

粉寒天　2g
水　160g
グラニュー糖　90g
ココナッツミルク　80g
カルピス　50g
ゴールデンキウイ　1～2個

錦玉羹

粉寒天　2g
水　150g
グラニュー糖　100g
レモン汁　10g

❊下準備

・ゴールデンキウイを薄くスライスする。

❊作り方

ココナッツカルピス羹

1 鍋に水と粉寒天を入れ、中心まで沸騰させる。

2 グラニュー糖を加え再度中心まで沸騰したら、ココナッツミルクとカルピスを加え、木べらからぽたぽたとたれるくらいまで煮詰める。

3 粗熱がとれたら型に入れる。

錦玉羹

4 ココナッツカルピス羹と同様に鍋に水と粉寒天を入れ、中心まで沸騰したらグラニュー糖を加えて再度中心まで沸騰させる。

5 レモン汁を加え、木べらからぽたぽたとたれるくらいまで煮詰める。

6 **3**のココナッツカルピス羹が半止まり（51ページ13参照）になったら**5**の錦玉羹を上に少し流し込み、薄くスライスしたゴールデンキウイを敷き詰めたら、さらに**5**を流し入れて固める。

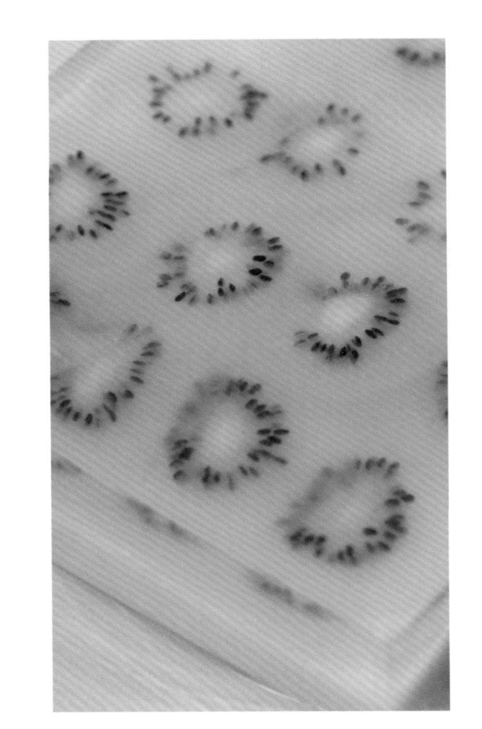

47　白と透明の二層の錦玉羹の間にキウイがはさまり、見た目にも涼しげです。

トロピカル羊羹

難易度 ◆◆

下が白餡にココナッツミルクやパッションフルーツシロップを加えたトロピカル羊羹。上が透明な錦玉羹です。好きなフルーツを閉じ込めて楽しみます。ここではぶどうとゴールデンキウイを使っています。

・50ページから写真解説があります。基本の羊羹の作り方は18ページ、基本の錦玉羹の作り方は13ページ。

※材料

トロピカル羊羹（60㎖カップ10個分）

粉寒天　3g
水　160g
白餡　300g
グラニュー糖　90g
コアントロー　10g
パイナップルジュース　70g
パッションフルーツシロップ　40g
ココナッツミルク　80g
ココナッツクリーム　40g
牛乳　40g
ぶどう、ゴールデンキウイ　適量
水飴　25g

錦玉羹（作りやすい分量）

粉寒天　1.5g
水　150g
グラニュー糖　100g
コアントロー　10g
レモン汁　10g

※下準備

・ぶどうを皮つきのまま4等分する。ゴールデンキウイはスライスする。

※作り方

トロピカル羊羹

1 鍋に水と粉寒天を入れ、中心まで沸騰させる。
2 グラニュー糖を加え再度中心まで沸騰したら、白餡を加えて溶かしながら練る。
3 ココナッツミルク、ココナッツクリーム、牛乳、パッションフルーツシロップを加えて木べらからたれるくらいまで練る。
4 コアントローとパイナップルジュースを加え、同様に木べらからたれるくらいまで練る。
5 水飴を加えて仕上げ、カップに均等に分ける。

錦玉羹

6 鍋に水と粉寒天を入れ、中心まで沸騰したらグラニュー糖を加えて再度中心まで沸騰させる。
7 コアントローとレモン汁を加え、木べらからぽたぽたとたれるくらいまで煮詰める。
8 **5**のトロピカル羊羹が半止まりになったら**7**の錦玉羹を上に少し流し込み、カットしたぶどうやゴールデンキウイをのせ、さらに**7**を流し入れて冷やし固める。

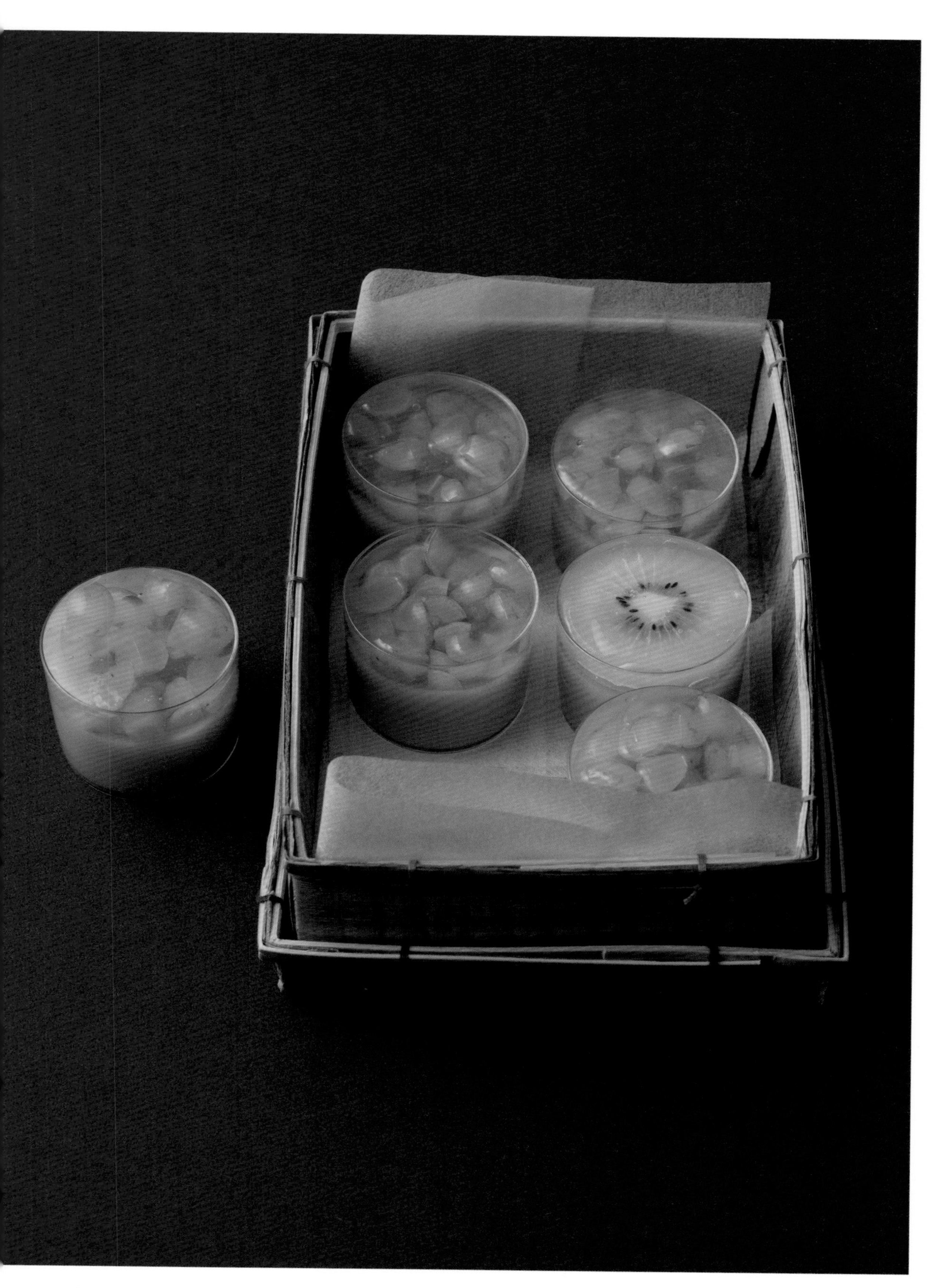

 見た目はフルーツのかわいらしさのあるゼリーですが、白餡ベースの優しい味が和菓子だと感じさせてくれます。

トロピカル羊羹の作り方

1　ぶどうは4等分、ゴールデンキウイは薄くスライスする。

2　最初に下になるトロピカル羊羹を作る。鍋に水と粉寒天を入れ、中心まで沸騰させる。

3　次にグラニュー糖を加え、再度中心まで沸騰させる。

4　グラニュー糖が溶けたら白餡を加え、溶かしながら練る。

5　ココナッツミルク、ココナッツクリーム、牛乳、パッションフルーツシロップを加える。

6　焦がさないように注意しながら、強火で木べらからたれるくらいまで練る。

7　コアントローとパイナップルジュースを加える。

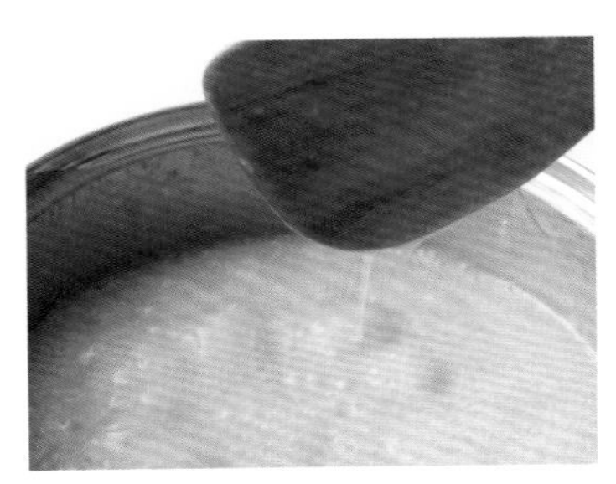

8　これも同様に木べらからたれるくらいまで練る。

9　水飴を加えて仕上げる。熱に弱いので、加熱しすぎないように。水飴は乾燥防止になる。

10 粗熱がとれたらカップに均等に分けて入れる。

11 錦玉羹を作る。鍋に水と粉寒天を入れ、中心まで沸騰したらグラニュー糖を加えて再度中心まで沸騰させる。次にコアントローとレモン汁を加える。

12 木べらからぽたぽたとたれるくらいまで煮詰める。

13 トロピカル羊羹が半止まりになったのを確認する。表面は固まっているが、内側はまだ固まっていない状態。

14 錦玉羹を上に少し流し込む。

15 その上にぶどうやゴールデンキウイをのせる。

16 さらに錦玉羹を流し入れて冷やし固めれば完成。

手土産にするときは、蓋つきカップを利用します。市販品の和菓子用の箱はサイズも多く、個数に合わせて選べるので便利です。49ページのようなかごを使うのもすてきです。中でお菓子が動かないように薄紙の量を調整するなど工夫してください。

シャインマスカットの求肥包み

難易度
◆◆◆

贅沢にシャインマスカットまるまる1個を求肥で包みました。
口いっぱいに広がるフルーツそのままのみずみずしさと、求肥のもっちり感は想像した通りの美味しさです。
求肥は中のシャインマスカットの色が透けるくらい薄く包みます。

・基本の求肥の作り方は15ページ。

❀材料（1個あたり）

シャインマスカット　1粒
求肥　9g
シロップ　適量
グラニュー糖　適量

シロップ（作りやすい分量）
- グラニュー糖　50g
- 水　50g

求肥（作りやすい分量）
- 白玉粉　50g
- グラニュー糖　100g
- 水　適量

❀作り方

シロップ

1 鍋に水とグラニュー糖を入れて中火にかけ、グラニュー糖が溶けたら火を止めて冷ます。

求肥

1 求肥を鍋でゆでて作る。ボウルに白玉粉を入れ、適量の水（粉の約80％）で耳たぶのかたさにこね、沸騰したお湯の中に入れてくたくたになるまでゆでる。

2 別の鍋にゆでた**1**の求肥を入れ、弱火で練る。

3 **2**にグラニュー糖を1／3加えて練る。残りのグラニュー糖を半分ずつ加えて練り上げる。

4 手にシロップをつけて求肥を手のひらで伸ばし、シャインマスカットをのせて包む。

5 シロップをまわりにつけ、グラニュー糖をつけて仕上げる。

・**2**、**3**は焦げないように適量の水を加えながら練る。

4　5

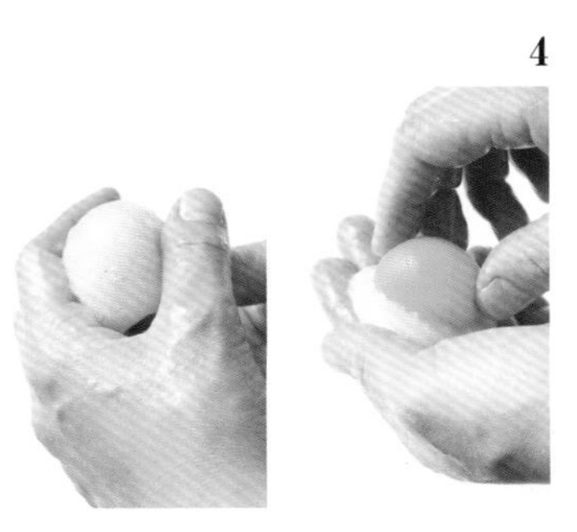

 グラニュー糖をまぶして乾燥させると表面がパリッとしてさらに違った食感が楽しめます。

すだち求肥

難易度 ◆◆

すだちとコアントローの柑橘の香りを楽しむシンプルな食べ方です。コアントローのシロップは加熱することでアルコールは飛びますが、柑橘系の香りが残ります。電子レンジで簡単に作れるのも、夏の暑い時期には嬉しいレシピです。

・基本の求肥（ゆでて作る）の作り方は15ページ。

❀材料（仕上がり約350g）

コアントローシロップ（作りやすい分量）

コアントロー　100g
グラニュー糖　10g

すだち求肥

白玉粉　100g
上白糖　200g
水　170g
すだち皮　4g
すだち果汁　15g

❀下準備

・上白糖をふるう。
・すだちの皮をすりおろし、果汁を絞る。

❀作り方

コアントローシロップ

1 鍋にコアントローとグラニュー糖を入れて中火にかける。
2 50～60gくらいになるまで煮詰めたら、火を止めて冷ます。

すだち求肥

1 耐熱ボウルに白玉粉を入れ、少しずつ水を入れて粒をつぶし、上白糖を加え混ぜる。
2 ふわっとラップをかけて500wで2分電子レンジにかけてから混ぜる。追加で500wで2分かけて混ぜることを2回繰り返す。さらに、500wで1分かけて混ぜることを2回繰り返す（必要に応じて500w30秒を追加する）。
3 へらで持ち上げるとしっかり伸び、手にくっつかなくなったらすだち果汁を加えて混ぜる。そのあとにすだち皮を加え、500wで40秒電子レンジにかける。
4 クッキングシートの上にコアントローシロップを伸ばし、**3**を出してひとくちサイズにちぎり、コアントローシロップをかける。

手土産にするときは、コアントローシロップをぬってくっつかないようにし、竹筒などに入れると涼しげです。
乾燥しないように、上にセロファンなどをかけて紐で結んでおきます。

本わらび餅の笹包み

難易度 ◆

わらびの根から作る本わらび粉は灰色をしていて、
完成したわらび餅は透明感のあるつやつやとした黒っぽい色。
本格的なわらび餅が手作りで楽しめます。

・基本のわらび餅の作り方は17ページ。

❀材料（8個分）

本わらび粉　50g
水　200g
きび砂糖　100g
笹　8枚
竹皮　1枚

❀下準備

・竹皮を水につけて、紐状に裂く。
・笹を洗い、水分を拭き取る。

❀作り方

1 鍋に本わらび粉ときび砂糖、水を入れて溶かす。
2 中火にかけ、透明になるまで練り上げる（約5～10分）。
3 練り上がったら冷水をはったボウルに入れる。
4 30gずつちぎって笹で包み、竹皮でしばる。

包み方

1 半分から根元側にわらび餅を置き、笹を二つ折りします。

2 両端からひだを作ってたたみ、竹紐で片わな結びでしばります。

ぷるぷるでやわらかくて溶けてなくなる本わらび餅は格別です。
手土産として竹籠などに入れるのも乙です。

夏のラッピング

夏の強い日差し、きらきら光る海など夏の風景を思い描きながら作った4種類です。色だけでなく紙の質感の違いで差をつけるとより表情が出ます。和紙にこだわらずに、さまざまな紙を試してみるのもおもしろいです。

波打ち際

砂浜によせては返す波を思わせる手漉きの楮紙に、波打ち際の泡のはかなさを感じさせる落水紙を合わせました。落ち着いたからし色と金色の紐で相生結びに。

大海原

土佐和紙の春木紙の大胆な模様が晴れ渡った大海原を思わせます。中央に薄い落水紙の白を少し重ねるだけで丁寧な印象のラッピングに。濃い水色と銀色の紐を合わせた淡路つなぎで引き締めて。

砂浜の麦わら帽子

さらさらの砂浜を麦わら帽子をかぶってゆったり歩くイメージで、コピー用和紙に花のラッピング材料を重ねました。藍色と銀色の紐をシンプルに小さく結び、ポイントに。

サルスベリ(百日紅)

夏から秋にかけて長い期間咲くサルスベリをイメージした色合わせです。ピンクは小倉紙、白は土佐和紙の春木紙、緑色と金色の紐で横長の松結びに。

実りの秋。丸ごと果物を味わうレシピを考えました。桃やリンゴなどを使う場合は、品種によって出来上がりの色に違いが出ます。お好みの品種を使って作ると、味わいも色もオリジナルに。洋梨はコンポートして形を残す錦玉羹と、煮詰めて風味を楽しむ艶干し錦玉の2種類をご紹介。同じ果物を使ってもアレンジのしかたでまったく違う仕上がりになります。重陽の節句にちなんで、菊花の味と色合いをいかした和菓子も紹介しています。

秋

浮島は、乾燥しないようにセロファンなどの透明フィルムで個包装。
細く切った薄紙をくるりと巻いて紐で結ぶだけで、シンプルですが美しいラッピングになります。

完熟桃とタラゴンの艶干し錦玉

難易度 ◆

桃とスパイスの組み合わせは、和菓子では意外な感じがするかもしれませんが、タラゴンがもつアニス系の甘さとさわやかさは桃と好相性です。桃によってピンクの色のつき方が変わります。

・基本の艶干し錦玉の作り方は12ページ。

❀材料（14×11㎝流し缶1個分）

粉寒天　4g
水　200g
グラニュー糖　360g
白ワイン　30g
タラゴン　0.3g
レモン汁　2g
桃　100g

❀下準備

・桃を粗みじん切りにする。

❀作り方

1 鍋に水と粉寒天を入れ、中心まで沸騰させる。
2 グラニュー糖を加え中心まで沸騰したら、白ワイン、粗みじん切りにした桃、タラゴン、レモン汁を加える。粗みじん切りにした桃を潰しながら、ようじなどにつけて糸をひくまで煮詰める。
3 粗熱がとれたら、型に流し入れる。
4 約1日乾燥させたあと型からはずし、表面をそぎ落とす。好みの型抜き、カットなどをして3～7日程度乾燥させる。

りんごとブラックペッパーの艶干し錦玉

難易度 ◆

りんごの果実感と味を引き締めてアクセントになるブラックペッパーを合わせたところが大人味のポイント。ブラックペッパーの風味がぴりりと残ります。

・基本の艶干し錦玉の作り方は12ページ。

❀材料（14×11㎝流し缶1個分）

粉寒天　4g
水　200g
グラニュー糖　360g
白ワイン　50g
ブラックペッパー（粗挽き）　1g
りんご　80g

❀下準備

・りんごを粗みじん切りにする。

❀作り方

1 鍋に水と粉寒天を入れ、中心まで沸騰させる。
2 グラニュー糖を加え再度中心まで沸騰したら、白ワイン、粗みじん切りにしたりんご、ブラックペッパーを加える。粗みじん切りにしたりんごを潰しながら、ようじなどにつけて糸をひくまで煮詰める。
3 粗熱がとれたら、型に流し入れる。
4 約1日乾燥させたあと型からはずし、表面をそぎ落とす。好みの型抜き、カットなどをして3～7日程度乾燥させる。

果物の果実感とふわっと感じるスパイスのアクセント。果物そのままの色が美しく出ます。

ざくろの艶干し錦玉

難易度 ◆

ざくろはジュースと果実を使い、しっかり味に作ります。見た目の赤さとつぶつぶ感でかわいく仕上がります。

・基本の艶干し錦玉の作り方は12ページ。

材料（14×11㎝流し缶1個分）

粉寒天　4g
水　200g
グラニュー糖　360g
貴腐ワイン　50g
レモン汁　5g
ざくろジュース（ストレート）　65g
ざくろ　85g
仕上げのグラニュー糖　適量

下準備

・ざくろの果肉を取り出す。

作り方

1 鍋に水と粉寒天を入れ、中心まで沸騰させる。

2 グラニュー糖を加え再度中心まで沸騰したら、貴腐ワイン、ざくろジュース、ざくろ、レモン汁を加える。ようじなどにつけて糸をひくまで煮詰める。

3 粗熱がとれたら、型に流し入れる。

4 約1日乾燥させたあと型からはずし、表面をそぎ落とす。好みの型抜き、カットなどをして仕上げのグラニュー糖をまぶし、3～7日程度乾燥させる。

洋梨とローズマリーの艶干し錦玉

難易度 ◆

洋梨は生のまま食べても美味しいですが、ねっとりとした濃厚な甘さや香りがお菓子によく合う果物です。

・基本の艶干し錦玉の作り方は12ページ。

材料（14×11㎝流し缶1個分）

粉寒天　4g
水　200g
グラニュー糖　360g
貴腐ワイン　50g
ローズマリー（乾燥）　1.5g
レモン汁　5g
洋梨　200g
仕上げのグラニュー糖　適量

下準備

・洋梨を粗みじん切りにする。
・ローズマリーを手で細かく折る。

作り方

1 鍋に水と粉寒天を入れ、中心まで沸騰させる。

2 グラニュー糖を加え再度中心まで沸騰したら、貴腐ワイン、粗みじん切りにした洋梨、細かく折ったローズマリー、レモン汁を加える。粗みじん切りにした洋梨を潰しながら、ようじなどにつけて糸をひくまで煮詰める。

3 粗熱がとれたら、型に流し入れる。

4 約1日乾燥させたあと型からはずし、表面をそぎ落とす。好みの型抜き、カットなどをして仕上げのグラニュー糖をまぶし、3～7日程度乾燥させる。

フランスの伝統菓子、パート・ド・フリュイのようにやわらかく仕上げます。

菊花羹

難易度 ◆

秋は菊が美しい季節です。
また菊の花で不老長寿を願ったことから重陽の節句は菊の節句とも呼ばれています。
ドライあんずとコアントロー、杏露酒を加え、菊花の野生っぽい香りをまろやかにします。

・基本の錦玉羹の作り方は13ページ。

❀材料（14×11㎝流し缶1個分）

粉寒天　2g
水　300g
グラニュー糖　100g
コアントロー　10g
杏露酒　5g
ドライあんず　25g
菊花　20g

❀下準備

・ドライあんずを細かくきざむ。
・菊花の花びらを取る。

❀作り方

1 鍋に水と粉寒天を入れ、中心まで沸騰させる。
2 グラニュー糖を加え再度中心まで沸騰したら、コアントロー、杏露酒、きざんだドライあんずを加え、木べらからぽたぽたとたれるくらいまで煮詰める。
3 菊花を加え、少し加熱して菊花がくたっとしたら火を止める。
4 型に入れ、固める。

・熱いうちに型に入れると、ドライあんずは沈み菊花は浮くので上下に分かれて固まる。

ラッピングするときは、上になる面を菊花とドライあんず交互にすると2種類の表情が楽しめます。

 菊花とドライあんずが上下に分かれて固まるので、カットしたときも上下の質感の違いや透明感が美しい。

洋梨のコンポート羹

難易度 ◆

洋梨の大きな果肉を少なめの錦玉羹でまとめ、洋梨が飛び出るように作ります。
コンポートは煮詰めすぎず、果実感をしっかり残すことで洋梨をそのまま食べているような仕上がりに。
・基本の錦玉羹の作り方は13ページ。

❋材料（12×7.5cm流し缶2個分）

洋梨のコンポート

グラニュー糖　50g
コアントロー　7.5g
洋梨　中1個

錦玉羹

粉寒天　0.5g
水　38g
グラニュー糖　38g
貴腐ワイン　25g
コアントロー　7.5g

❋作り方

洋梨のコンポート

1 洋梨の皮をむき12等分にカットし、鍋に入れてグラニュー糖をまぶして水分が出てきたら弱火にかける。
2 コアントローを加え、透明になるまで煮る。

錦玉羹

3 鍋に水と粉寒天を入れ、中心まで沸騰させる。
4 グラニュー糖を加え再度中心まで沸騰したら、貴腐ワインとコアントローを加え、木べらからぽたぽたとたれるくらいまで煮詰める。
5 型にコンポートした洋梨を並べ、粗熱をとった**4**を流し入れ、固める。

 洋梨そのままの美味しさと錦玉羹のつるっとしたのどごしを楽しめます。

ぶどう2種と白ワインの錦玉羹

難易度 ◆

赤系と緑系のぶどうを使って、色の変化も楽しめる錦玉羹です。
四角の型で固めて切り分けてもかまいませんが、
丸型の製氷皿を使うとそのままポコポコと取り出せて、見た目も楽しく仕上がります。

・基本の錦玉羹の作り方は13ページ。

※材料

（14×11cm流し缶1個分、半円にする場合は直径約3cm丸型製氷皿の片面60個分）

粉寒天　2.5g
水　150g
グラニュー糖　150g
白ワイン　150g
ブラックペッパー（粗挽き）　0.5g
タラゴン　0.5g
ドライあんず　20g
赤色のぶどう（レッドグローブ）　70g
緑色のぶどう（トンプソン）　70g

※下準備

・ぶどうを薄くスライスする。
・ドライあんずを細かくきざむ。

※作り方

1 鍋に水と粉寒天を入れ、中心まで沸騰させる。
2 グラニュー糖を加え再度中心まで沸騰したら、きざんだドライあんず、ブラックペッパー、タラゴンを加え、木べらからぽたぽたとたれるくらいまで煮詰める。
3 白ワインを加え、また木べらからぽたぽたとたれるくらいまで煮詰める。
4 スライスしたぶどうを加えて、もう一度沸騰したら火を止める。
5 型に入れ、固める。

半円を2つ重ねて球にしたり、大きな半円で作ってもかわいい。

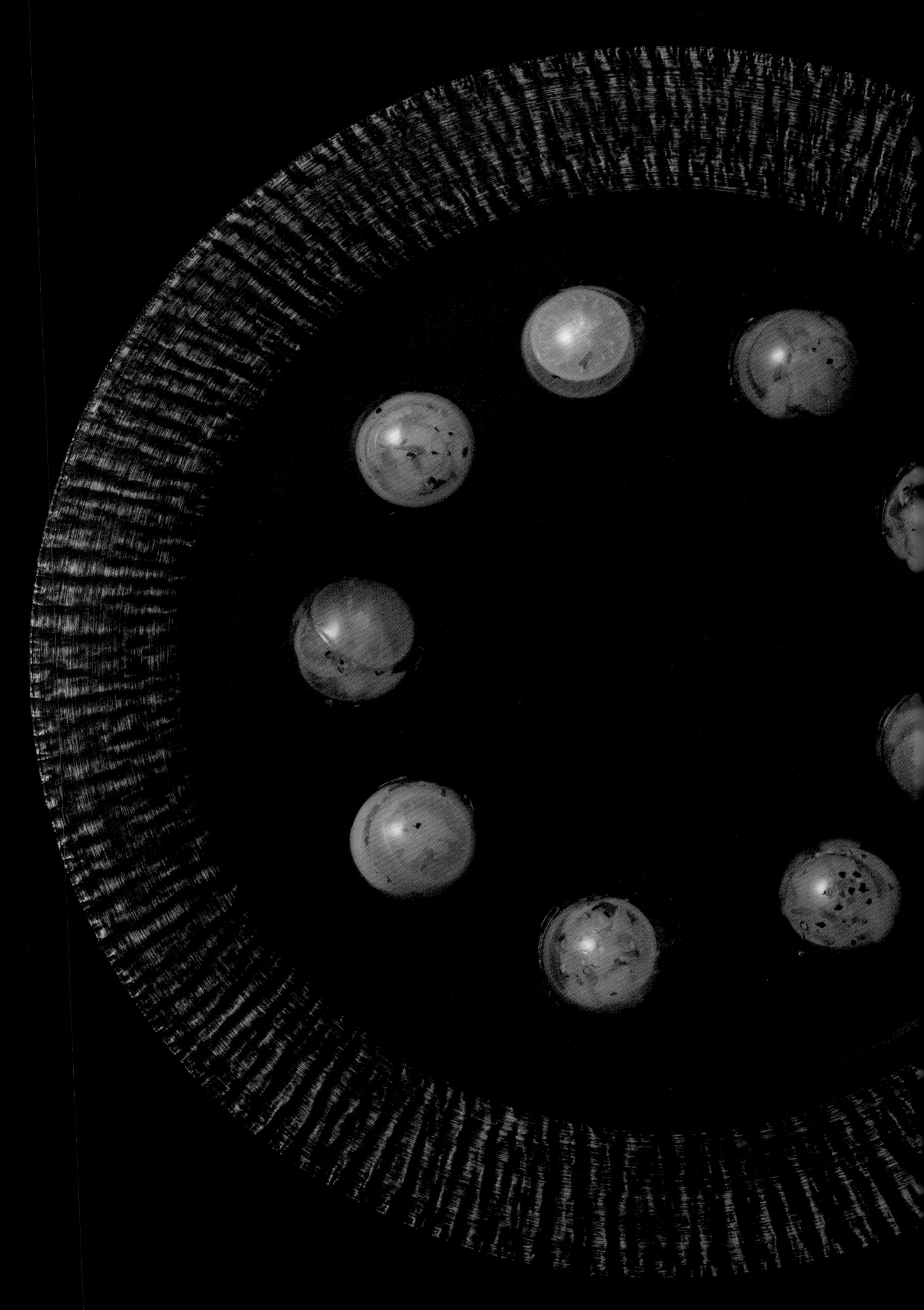

69 中の2色のぶどうが透けて層になっているのが美しい。ぶどうの皮のシャリッとした歯応えやスパイスがアクセントになります。

ラム酒とくるみの羊羹

難易度
◆◆

甘さ控えめのなめらかな大人羊羹。
仕上げにのせるくるみのキャラメリゼの食感がいいアクセントになります。

・基本の羊羹の作り方は18ページ。

❀材料（14×11㎝流し缶1個分）

くるみのキャラメリゼ　適量

水　15g
グラニュー糖　25g
くるみ　25g
メープルシロップ　7.5g
水飴　5g

羊羹

粉寒天　3g
水　160g
グラニュー糖　90g
こし餡　300g
ラム酒　40g
生クリーム　80g
水飴　25g

❀下準備

・くるみは150～160度のオーブンで10～20分程度ローストし、粗みじん切りにする。

❀作り方

くるみのキャラメリゼ

1 鍋に水とグラニュー糖を入れて火にかけ、沸騰して少し粘りが出たら粗みじん切りにしたくるみとメープルシロップを加えて焦げないようにヘラで混ぜ、水分が減ったら水飴を加える。水飴が溶けたら火を止める。

羊羹

1 鍋に水と粉寒天を入れ、中心まで沸騰させる。
2 グラニュー糖を加え再度中心まで沸騰したら、こし餡を加えて溶かしながら練る。
3 生クリームを加えて木べらからぽたぽたとたれるくらいまで練る。
4 ラム酒と水飴を加え、水飴が溶けたら火を止める。
5 型に流し入れ、固まったらカットをして仕上げにくるみのキャラメリゼを上にのせる。

 想像を裏切るさっぱりさ。甘さだけでなく、香りが鼻に抜ける洋風羊羹。

抹茶と大納言羊羹

難易度 ◆◆

抹茶と大納言は定番の組み合わせですが、錦玉羹にコアントローを入れることで贅沢な風味の羊羹に。
抹茶は深い緑を色鮮やかに、大納言はつぶつぶが美しく、
横から見たときにきれいな二層になるように仕上げます。

・基本の羊羹の作り方は18ページ、基本の錦玉羹の作り方は13ページ。

※材料（60mlカップ10個分）

抹茶羊羹

粉寒天　2g
水　300g
白餡　270g
グラニュー糖　100g
大納言甘納豆　100g
抹茶　13g

錦玉羹（作りやすい分量）

粉寒天　1.5g
水　150g
グラニュー糖　100g
コアントロー　10g

※下準備

・抹茶をふるう。

※作り方

抹茶羊羹

1 鍋に水と粉寒天を入れ、中心まで沸騰させる。
2 グラニュー糖を加え再度中心まで沸騰したら、白餡を加えて溶かしながら練る。
3 木べらからぽたぽたとたれるくらいまで練ったら、別の容器に少し取り出して抹茶を混ぜて溶かす。
4 **3**の抹茶餡を鍋に戻し、軽く沸騰させる。抹茶が溶けきらないときはホイッパーで混ぜる。
5 こし器でこしながらカップに流し込む。

錦玉羹

6 鍋に水と粉寒天を入れ、中心まで沸騰させる。
7 グラニュー糖を加え再度中心まで沸騰したら、コアントローを加え、木べらからぽたぽたとたれるくらいまで煮詰める。
8 **5**の羊羹が半止まりに（51ページ13参照）なったら**7**の錦玉羹を上に少し流し込み、大納言甘納豆を敷き詰めたら、さらに**7**を流し入れて固める。

73　抹茶の苦味と、羊羹と甘納豆の甘さが引き立て合います。大納言甘納豆は、重ならないようにきれいに敷き詰めて。

マロングラッセとマロンクリームの押し物

難易度 ◆

栗好きにはたまらない、栗づくしの押し物です。
アーモンドとくるみのカリカリ感がいいアクセントになります。

・基本の押し物の作り方は16ページ。

❀材料（14×11cm流し缶1個分）

上白糖　70g
上南粉　30g
寒梅粉　20g
マロングラッセ　100g
マロンクリーム　80g
アーモンド　25g
くるみ　25g

❀下準備

・上白糖をふるう。
・くるみは150〜160度、アーモンドは130〜140度のオーブンで10〜20分程度ローストする。くるみは粗みじん切り、アーモンドは細かくきざむ。
・マロングラッセを粗みじん切りにする。

❀作り方

1 ボウルにマロンクリームを入れ、上白糖を加えてなじませる。
2 上南粉を加えてなじませる。
3 寒梅粉を加えてなじませる。
4 細かくきざんだアーモンドを加えてなじませる。
5 **4**をふるいにかける。
6 粗みじん切りにしたマロングラッセとくるみを加えて軽く混ぜ合わせる。
7 型に入れて押し固め、重しをのせて1日程度置く。好みの形にカットする。

 ふわふわぎゅっとした押し物の中に、栗を見つけたときの嬉しさと美味しさ。

マロングラッセとラム酒の浮島

難易度 ◆◆

ラム酒と黒糖でコクがある仕上がりです。
ラム酒を2回に分けて加えることで、香りが少し残るようにしています。

・基本の浮島の作り方は14ページ。

※材料（12×7.5cm流し缶1個分）

白餡　50g
卵（M）　1個
グラニュー糖　5g
黒糖　10g
薄力粉　7.5g
上新粉　7.5g
マロングラッセ　100g
マロンクリーム　55g
アーモンド　20g
ラム酒（1）　15g
ラム酒（2）　8g

※下準備

・卵を卵黄と卵白に分ける。
・薄力粉、上新粉をふるう。
・アーモンドは130～140度のオーブンで10～20分程度ローストし、粗みじん切りにする。
・マロングラッセを粗みじん切りにする。

※作り方

1 耐熱ボウルに白餡を入れ、600wで30秒電子レンジにかけて混ぜる。追加で600wで30秒かけて混ぜることを2回繰り返す。
2 ラム酒（1）を加えて混ぜ、600wで30秒電子レンジにかけて混ぜる。追加で600wで30秒かけて混ぜることを2回繰り返す。
3 マロンクリームを加え、黒糖を加えてすり混ぜ、卵黄を加えて混ぜる。
4 ラム酒（2）、粗みじん切りにしたアーモンドを加えて混ぜる。
5 粗みじん切りにしたマロングラッセを加えて混ぜる。
6 薄力粉、上新粉を加えてさくっと混ぜる。
7 卵白にグラニュー糖を加え、おじぎするくらいの角が立つまで泡立てる。**6**に卵白を2～3回に分けて加えて混ぜる。
8 型に流し入れ、強火で23分蒸す。
9 生地に火が通っているか竹串を刺して確認し、粗熱をとる。

切り分ける前は、まるでパウンドケーキのようですが食べると食感が違います。

 しっとりやわらか、マロンの贅沢。

本わらび餅の山椒黒蜜かけ

難易度 ◆

シンプルに黒蜜をかけて食べるレシピですが、山椒黒蜜というところがポイントです。山椒の風味が鼻に抜けて、甘すぎずさわやかです。

・基本のわらび餅の作り方は17ページ。

※材料（仕上がり約300g）

山椒黒蜜（作りやすい分量）

水　70g
黒糖　40g
きび砂糖　25g
山椒　1g
水飴　15g

本わらび餅

本わらび粉　50g
水　200g
きび砂糖　100g

※作り方

山椒黒蜜

1 鍋に水、黒糖、きび砂糖を入れ、弱火で煮て溶かす。
2 山椒を加え、軽く沸騰してとろみがついたら水飴を加え、水飴が溶けたら火を止める。

本わらび餅

1 鍋に本わらび粉ときび砂糖、水を入れて溶かす。
2 中火にかけ、透明になるまで練り上げる（約5～10分）。
3 練り上がったら冷水をはったボウルに入れる。
4 好きなサイズにちぎり、山椒黒蜜をかける。

 清涼感のある甘さはリピートしたくなります。

秋のラッピング

山里が深く色づく季節です。
選ぶ紙の色も深く落ち着いた色合いが多くなりました。
小さな紙を重ねたりするだけで、似たアレンジでも変化をつけることができます。

紅葉狩り

赤く色づいた紅葉をイメージしました。朱色と金色の紐で作った釈迦結びは、紅葉の種のよう。

山の奥まで

秋の冷たい空気の広がる、山の中の濃い緑の木々をイメージして。紐は定番の淡路結びですが、菱形に置いた紙とのバランスを考えて結びます。

枯葉

かさかさとした落ち葉の葉脈のような紙を使いました。亀結びにした紐の幅に合わせて白い和紙をカットしています。

秋の実り

柳絞り染めの阿波和紙が稲穂が実ってたれているようにも見えます。からし色と金色で色を合わせた紐は、少し縦長の袈裟結びにしました。

冬

寒い季節には、お酒やスパイスが効いたものが食べたくなります。ラム酒やシェリー酒などをたっぷり使うと体も温まるような気がします。柚子やはっさくの皮を容器として使う錦玉羹は、カットのしかたで表情が変わります。薄くスライスしても柑橘系の香りとお酒を加えた上品な甘さがしっかりと口に広がります。フィンガーフード・ピンチョススタイルで楽しめる、イベントの多い季節に活躍するアレンジ和菓子も紹介しています。

98ページの羊羹を逆アレンジ。羊羹を型に流し入れてきざんだナッツやドライフルーツを上にのせて固めれば羊羹バーの出来上がり。

すりガラスのように美しい半透明でパリッとした食感。

文旦とオレガノの艶干し錦玉

難易度 ◆

さっぱりした文旦と清涼感のあるオレガノを組み合わせて、すっきりと仕上げました。

・基本の艶干し錦玉の作り方は12ページ。

❀材料（14×11cm流し缶1個分）

粉寒天　4g
水　200g
グラニュー糖　360g
コアントロー　10g
オレガノ　1g
文旦　60g

❀下準備

・文旦の果肉を取り出し、ほぐす。

❀作り方

1 鍋に水と粉寒天を入れ、中心まで沸騰させる。
2 グラニュー糖を加え再度中心まで沸騰したら、コアントロー、オレガノ、文旦の果肉を加える。ようじなどにつけて糸をひくまで煮詰める。
3 粗熱がとれたら、型に流し入れる。
4 約1日乾燥させたあと型からはずし、表面をそぎ落とす。好みの型抜き、カットなどをして3～7日程度乾燥させる。

カットのしかたで結晶のようにも見えます。

貴腐ワインとウイスキーの艶干し錦玉

難易度 ◆

お酒がふわりと香る、見た目も味も大人の和菓子。
お酒好きの方にプレゼントするのにもぴったりです。

・基本の艶干し錦玉の作り方は12ページ。

❁材料（14×11cm流し缶1個分）

粉寒天　4g
水　200g
グラニュー糖　360g
貴腐ワイン　25g
ウイスキー　15g
金箔　適量

❁作り方

1 鍋に水と粉寒天を入れ、中心まで沸騰させる。

2 グラニュー糖を加え再度中心まで沸騰したら、貴腐ワインとウイスキーを加える。ようじなどにつけて糸をひくまで煮詰める。

3 型に流し入れる。

4 約1日乾燥させたあと型からはずし、表面をそぎ落とす。好みの型抜き、カットなどをして金箔をつけ、3〜7日程度乾燥させる。

フランボワーズと貴腐ワインの艶干し錦玉

難易度 ◆

甘酸っぱく香りもよいフランボワーズ。
素材の色でここまで濃い赤色になります。

・基本の艶干し錦玉の作り方は12ページ。

❊材料（14×11cm流し缶1個分）

粉寒天　4g
水　200g
グラニュー糖　360g
貴腐ワイン　35g
フランボワーズピューレ　65g
仕上げのグラニュー糖　適量

❊作り方

1 鍋に水と粉寒天を入れ、中心まで沸騰させる。

2 グラニュー糖を加え再度中心まで沸騰したら、フランボワーズピューレと貴腐ワインを加える。ようじなどにつけて糸をひくまで煮詰める。

3 型に流し入れる。

4 約1日乾燥させたあと型からはずし、表面をそぎ落とす。好みの型抜き、カットなどをして仕上げのグラニュー糖をまぶし、3〜7日程度乾燥させる。

柚子とレモンの艶干し錦玉

難易度 ◆

柚子とレモンの風味にドライあんずの果肉という、さわやかな酸味と甘さの組み合わせ。ドライあんずは自然な甘さをプラスしてくれます。

・基本の艶干し錦玉の作り方は12ページ。

❊材料（14×11cm流し缶1個分）

粉寒天　4g
水　200g
グラニュー糖　360g
コアントロー　10g
ドライあんず　15g
柚子の皮　4g
柚子の果汁　20g
レモンの皮　1g
仕上げのグラニュー糖　適量

❊下準備

・柚子とレモンの皮をすりおろし、柚子果汁をしぼる。
・ドライあんずを細かくきざむ。

❊作り方

1 鍋に水と粉寒天を入れ、中心まで沸騰させる。

2 グラニュー糖を加え再度中心まで沸騰したら、コアントロー、レモンの皮、きざんだドライあんずを加える。ようじなどにつけて糸をひくまで煮詰める。

3 柚子の果汁と皮を加えて再度糸がひくまで煮詰めたら、粗熱をとって型に流し入れる。

4 約1日乾燥させたあと型からはずし、表面をそぎ落とす。好みの型抜き、カットなどをして仕上げのグラニュー糖をまぶし、3〜7日程度乾燥させる。

たっぷりの果実感とやわらかめの食感が、乾燥させるお菓子とは思えないほどジューシー。

チョコとラム酒の艶干し錦玉

難易度
◆◆

表面に純ココアをまぶしてトリュフチョコレート風に仕上げました。チョコレート味ですが食べると和菓子の食感という不思議な感覚。

・88ページから写真解説があります。基本の艶干し錦玉の作り方は12ページ。

❀材料（14×11cm流し缶1個分）

粉寒天　4g
水　200g
グラニュー糖　360g
貴腐ワイン　10g
ラム酒　65g
チョコレート（クーベルチュールスイートフレークカカオ44％）　100g
純ココア　25g
仕上げの純ココア　適量

❀下準備

・純ココアをふるう。
・チョコレートを湯煎する。

❀作り方

1 鍋に水と粉寒天を入れ、中心まで沸騰させる。
2 グラニュー糖を加え再度中心まで沸騰したら、貴腐ワイン、ラム酒3／4を加える。ようじなどにつけて糸をひくまで煮詰める。
3 湯煎で溶かしたチョコレートに純ココアを混ぜ、**2**を適量加えて混ぜる。
4 残りのラム酒を**2**の鍋に加え、**3**を鍋に戻して再度糸をひくまで煮詰めたら、粗熱をとって型に流し入れる。
5 約1日乾燥させたあと型からはずし、表面をそぎ落とす。好みの型抜き、カットなどをして仕上げの純ココアをまぶし、2～5日程度乾燥させる。

 まるでチョコレート、食べれば和菓子。雪輪文様の抜き型で型抜きした、お酒のきいたチョコレートが香る冬のお菓子。

チョコとラム酒の艶干し錦玉の作り方

1　チョコレートを湯煎して溶かす。

2　12ページを参照し、鍋に水と寒天を入れて沸騰させ、グラニュー糖を加え再度中心まで沸騰したら、貴腐ワイン、ラム酒3/4を加える。ようじなどにつけて糸をひくまで煮詰める。煮詰まったら弱火にする。

3　ふるった純ココアをチョコレートに混ぜる。

4　ダマにならないようによく混ぜる。

5　2をチョコレートがゆるむくらいの量を加えて混ぜる。

6　ホイッパーで混ぜられるくらいのなめらかさに。

7　2の鍋を沸騰させ、残りのラム酒を加える。これでラム酒の香りがより残る。

8　6のチョコレートをすべて加えて木べらで混ぜる。

9　うまく混ざらないときはホイッパーで混ぜる。ようじなどにつけて糸をひくまで煮詰める。

10 粗熱がとれたら茶こしでこしながら型に流し入れる。

11 約1日乾燥させたら型からはずし、カットして好みの型で抜く。

12 ボウルに純ココアを入れ、11を入れてからめる。

13 クッキングシートの上に並べてすき間をあけてラップをかけ、乾燥させれば完成。

小さくカットした薄紙にひとつずつ包み、経木のわっぱに入れてラッピングしました。薄紙は角を2か所をひねって止めただけですが、無造作な方がかわいく見えるラッピングです。

シェリー羹

難易度 ◆◆

淡雪羹のふわふわとした軽さとシェリー羹のつるんとしたのどごしのよさを一緒に味わいます。
73ページのように、カップに入れて仕上げても二層がきれいに見えます。

・92ページから写真解説があります。基本の錦玉羹の作り方は13ページ。

❀材料（14×11cm流し缶1個分）

シェリー羹

粉寒天　2g
水　150g
グラニュー糖　150g
シェリー酒　150g

淡雪羹

粉寒天　2g
水　150g
グラニュー糖　100g
卵白　25g
レモン汁　10g

❀下準備

・卵の卵白だけを分ける。

❀作り方

シェリー羹

1 鍋に水と粉寒天を入れ、中心まで沸騰させる。
2 グラニュー糖を加え再度中心まで沸騰したら、木べらからぽたぽたとたれるくらいまで煮詰める。
3 シェリー酒を加え、少し沸騰させてから火を止める。
4 粗熱がとれたら型に入れ、固める。

淡雪羹

5 鍋に水と粉寒天を入れ、中心まで沸騰させる。
6 グラニュー糖を加え再度中心まで沸騰したら、木べらからぽたぽたとたれるくらいまで煮詰める。
7 卵白をしっかり角が立つまで泡立て、ホイッパーで混ぜながら**6**を少しずつ加える。
8 レモン汁を加え、粗熱がとれたら半止まり（51ページ13参照）の**4**の上に流し入れ、固める。

 見た目の美しさだけでなく、二層の食感の違いも楽しめます。

シェリー羹の作り方

1　シェリー羹を先に作る。13ページを参照して、鍋に水と寒天を入れて沸騰させ、グラニュー糖を加えて再度沸騰させて木べらからぽたぽたとたれるくらいまで煮詰める。

2　シェリー酒を加え、少し沸騰させてから火を止める。

3　型に流し入れて固める。

4　次に淡雪羹を作る。同様に鍋に水と寒天を入れて沸騰させ、グラニュー糖を加えて再度沸騰させて木べらからぽたぽたとたれるくらいまで煮詰める。

5　ボウルに卵白を入れ、しっかり角が立つまで泡立てる。

6　ホイッパーで混ぜながら4を少しずつ加える。卵白が固まらないように混ぜる。

7　レモン汁を加えて混ぜる。

8　粗熱がとれて常温くらいになったら、半止まりのシェリー羹の上に流し入れる。

9　固まったら完成。

10　型から出してカットする。白色と琥珀色の二層に。

楽しい和菓子の詰め合わせ

上段は羊羹、中段は艶干し錦玉と押し物、下段は本わらび餅です。薄紙を敷いて仕切りにし、すだれ風の箱に詰め合わせました。一度に何種類も作るのは時間がかかりますが、艶干し錦玉は日持ちがするので組み合わせを考えてチャレンジしてみてください。

柚子羹とはっさく羹

難易度 ◆◆

柚子とはっさくの中身をくり抜いて、皮をそのままうつわとして使います。
丸ごとのままでもカットしても美しい錦玉羹です。
柚子とはっさくで材料の分量は違いますが、作り方は同じです。

・96ページから写真解説があります。基本の錦玉羹の作り方は13ページ。

❀材料

柚子羹（中2〜3個分）

柚子　中4〜5個
粉寒天　3.5g
水　200g
グラニュー糖　140g
和三盆糖　20g
貴腐ワイン　50g
コアントロー　30g
柚子の皮　12g
柚子の果汁　45g

はっさく羹（小2〜3個分）

はっさく　小4〜5個
粉寒天　3.5g
水　200g
グラニュー糖　75g
和三盆糖　15g
貴腐ワイン　20g
コアントロー　15g
はっさくの果肉　30g
はっさくの果汁　100g

❀下準備

・柚子（はっさく）2〜3個の上部分を切り取り、中の果肉とわた部分をスプーンで取り出し、洗う。
・うつわにしない柚子の皮の黄色い部分をすりおろす。はっさくは取り出した果肉とわたを分けて果肉のみ使う。
・うつわにしない柚子（はっさく）の果汁をしぼり、茶こしでこす。

❀作り方

共通

1 鍋に水と粉寒天を入れ、中心まで沸騰させる。
2 グラニュー糖と和三盆糖を加え再度中心まで沸騰したら、貴腐ワインとコアントローを加え、木べらからぽたぽたとたれるくらいまで煮詰める。
3 柚子（はっさく）の果汁を加え、再度木べらからぽたぽたとたれるくらいまで煮詰める。
4 仕上げに柚子の皮（はっさくの果肉）を加え、火を止める。
5 粗熱がとれたら柚子（はっさく）のうつわに流し入れ、固める。

はっさく(上)は果肉入り、柚子(下)はすりおろした皮入りで、香りよく。

柚子羹の作り方

1　柚子の上部分を切り取る。

2　スプーンで果肉とわたを取り出す。（柚子は取り出した果肉は使わないが、はっさくは使うので果肉とわたを分ける）

3　きれいに洗い、うつわにする。

4　別の柚子の皮をすりおろす。（はっさくは果肉を使う）

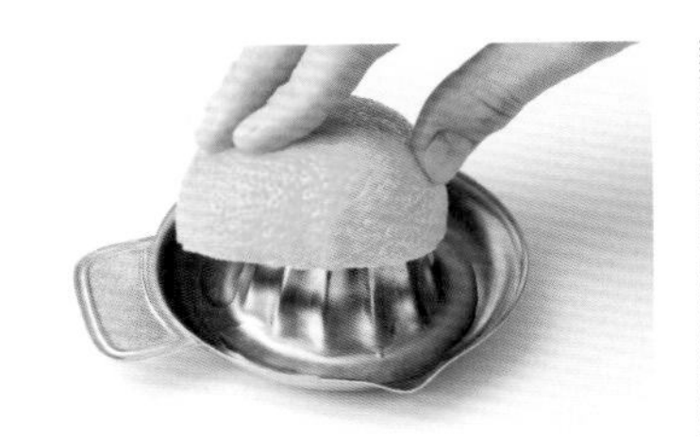

5　レモンしぼり器などで果汁をしぼる。

6　種などが入らないように、茶こしでこす。

7　鍋に水と粉寒天を入れて中心まで沸騰させ、グラニュー糖を加え、再度中心まで沸騰させる。

8　コアントローと貴腐ワインを加え、木べらからぽたぽたとたれるくらいまで煮詰める。

9　柚子の果汁を加え、再度木べらからぽたぽたとたれるくらいまで煮詰める。柑橘系の果汁を入れると固まりにくくなるので、しっかり煮詰めておく。

10　柚子の皮は香りが飛びやすいので最後に加え、火を止める。（はっさくは果肉感を出すために最後に入れる）

11　粗熱がとれたら、3の柚子のうつわに流し入れて固めれば完成。

薄くスライスすると透明感が出て、はっさく（上）は果肉、柚子（下）は皮が入っているのがわかります。

ナッツやドライフルーツのスパイシー羊羹かけ

難易度 ◆◆

羊羹をアレンジした使い方です。チョコレートやクリームのように、ドライフルーツやナッツに羊羹をつけていただきます。
そのままお酒のおつまみにもなりそうな、3種類のスパイシー羊羹を紹介します。

・18ページの基本の羊羹の作り方を、このレシピで解説しています。

❀材料（ナッツやドライフルーツ約20個分）

3種類のスパイシー羊羹に共通

粉寒天　1.5g
水　90g
グラニュー糖　50g
餡（白餡、またはこし餡）　100g
ドライフルーツ（いちじく、キウイ、クランベリー、ピーカンナッツ、くるみなど）
適量
はちみつ　8g

白餡×タラゴン

貴腐ワイン　20g
コアントロー　10g
オレガノ　3g
タラゴン　1g
ブラックペッパー（粉）　1g

白餡×ナツメグ

ラム酒　30g
ナツメグ　3g

こし餡

ラム酒　30g
五香粉　0.5g

❀作り方

共通

1 鍋に水と粉寒天を入れ、中心まで沸騰させる。
2 グラニュー糖を加え再度中心まで沸騰したら、白餡（こし餡）を加えて溶かしながら練る。
3 貴腐ワイン、コアントロー、オレガノ、タラゴン、ブラックペッパー（ラム酒とナツメグ、こし餡はラム酒と五香粉）を加えて木べらからたれるくらいまで練る。
4 仕上げにはちみつを加え、火を止める。
5 粗熱がとれたらナッツやドライフルーツを2、3度くぐらせる。

・羊羹が熱々だとナッツなどに絡まないため、粗熱をとってからくぐらせる。

 羊羹だけど、羊羹じゃない。少しの量でもしっかり味のスパイシー羊羹。

ラムレーズンとオレンジピールの押し物

難易度 ◆

ラムレーズンとオレンジピールは相性のよい組み合わせ。
押し物のほろほろとした優しい食感の中で、しっかりと味を引き締めてくれます。

・16ページの基本の押し物の作り方を、このレシピで解説しています。

※材料（14×11cm流し缶1個分）

上白糖　90g
上南粉　20g
寒梅粉　20g
白餡　90g
ラム酒　15g
オレンジピール（蜜漬け）　30g
ラムレーズン　70g
　レーズン　50g
　ラム酒　20g

※下準備

・上白糖をふるう。
・レーズンをラム酒に2日漬けてラムレーズンを作り、粗みじん切りにする。
・オレンジピールを細かくきざむ。

※作り方

1 耐熱ボウルに白餡を入れ、600wで1分電子レンジにかけて混ぜる。追加で600wで30秒をかけて混ぜることを2回繰り返す。
2 ラム酒を加え、600wで1分電子レンジにかけて混ぜる。追加で600wで30秒をかけて混ぜることを2回繰り返す。
3 上白糖を加えて混ぜ、次にきざんだラムレーズンを加えて混ぜる。
4 上南粉を加えてなじませる。
5 寒梅粉を加えてなじませる。
6 **5**をふるいにかける。
7 細かくきざんだオレンジピールを加えて軽く混ぜ合わせる。
8 型に入れて押し固め、重しをのせて1日程度置く。好みの形にカットする。

 ラムレーズンの香りとオレンジピールのほろ苦さが口の中に広がります。

チーズ浮島のフランボワーズ羊羹かさね

難易度 ◆◆◆

下が柑橘系チーズの浮島、上がフランボワーズの羊羹です。
浮島も羊羹も白餡を使うしっとりとした密度の高い和菓子ですが、蒸す浮島と固める羊羹との食感の違いが楽しめます。

・104ページから写真解説があります。基本の浮島の作り方は14ページ、基本の羊羹の作り方は18ページ。

❄材料（12×7.5cm流し缶1個分）

チーズ浮島

白餡　25g
クリームチーズ　65g
サワークリーム　17g
卵（M）　1個
グラニュー糖　15g
薄力粉　7.5g
上新粉　7.5g
レモンの皮　4g
オレンジピール（蜜漬け）　15g

フランボワーズ羊羹

粉寒天　1.5g
水　75g
グラニュー糖　35g
白餡　100g
貴腐ワイン　20g
フランボワーズピューレ　50g
はちみつ　7g

❄下準備

・卵を卵黄と卵白に分ける。
・薄力粉、上新粉をふるう。
・レモンの皮をすりおろす。
・オレンジピールを粗みじん切りにする。

❄作り方

チーズ浮島

1 ボウルに常温に戻したクリームチーズを入れ、グラニュー糖2／3を加えてすり混ぜ、白餡と卵黄を加えて混ぜる。
2 サワークリームを加えて混ぜ、レモンの皮、粗みじん切りにしたオレンジピールを加えて混ぜる。
3 薄力粉、上新粉を加えてさくっと混ぜる。
4 卵白に残りのグラニュー糖を加え、おじぎするくらいの角が立つまで泡立てる。**3**に卵白を2～3回に分けて加えて混ぜる。
5 型に流し入れ、強火で23分蒸す。
6 生地に火が通っているか竹串を刺して確認する。

フランボワーズ羊羹

7 鍋に水と粉寒天を入れ、中心まで沸騰させる。
8 グラニュー糖を加え再度中心まで沸騰したら、白餡を加えて溶かしながら練る。
9 木べらからぽたぽたとたれるくらいまで練り、フランボワーズピューレを加えて再度木べらからぽたぽたとたれるくらいまで練る。
10 貴腐ワインを加えて少し練り、仕上げにはちみつを加えて沸騰したら火を止める。
11 **6**の上に流し入れ、固める。

 赤紫色とオレンジ色の鮮やかな二層はインパクトがあります。

チーズ浮島のフランボワーズ羊羹かさねの作り方

1 レモンの皮をすりおろし、オレンジピールを粗みじん切りにする。

2 ボウルに常温に戻したクリームチーズを入れ、グラニュー糖2/3を加えてすり混ぜる。

3 白餡を加えて混ぜる。

4 卵黄を加えて混ぜる。

5 サワークリームを加えて混ぜる。

6 すりおろしたレモンの皮、粗みじん切りにしたオレンジピールを加えて混ぜる。

7 ふるった薄力粉、上新粉を加えてさくっと混ぜる。

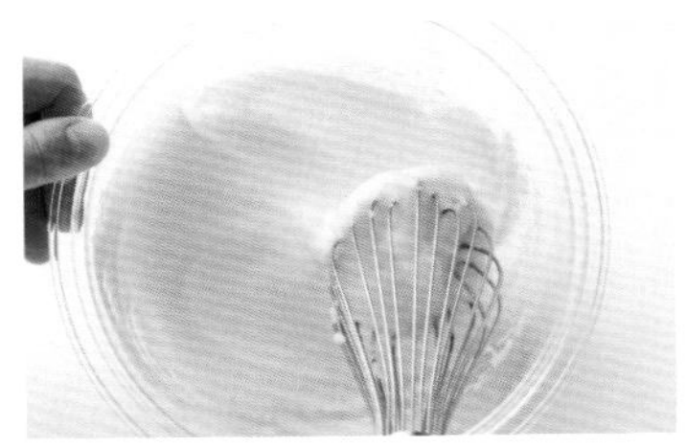

8 別のボウルに卵白を入れ、残りのグラニュー糖を加えておじぎするくらいの角が立つまで泡立てる。

9 7に卵白を2～3回に分けて加えて混ぜる。

10 型に流し入れ、強火で23分蒸す。

11 生地に火が通っているか竹串を刺して確認する。

12 フランボワーズ羊羹を作る。鍋に水と粉寒天を入れて中心まで沸騰させ、グラニュー糖を加え、再度中心まで沸騰させる。

13 白餡を加えて溶かしながら木べらからぽたぽたとたれるくらいまで練る。

14 フランボワーズピューレを加えて練る。

15 木べらからぽたぽたとたれるくらいまでしっかりと練る。

16 貴腐ワインを加えて少し練り、仕上げにはちみつを加えて沸騰したら火を止める。

17 そのまま粗熱をとらずにフランボワーズ羊羹を11の上に流し入れ、冷やし固める。

18 固まったらカードを型に沿って差し込み、型と生地を離す。

19 型から取り出す。

20 完成。浮島の粗熱がとれる前に羊羹を流し込むことで、端まできれいな二層に分かれる。

チョコとラムレーズンの浮島

難易度 ◆◆

チョコレートケーキのように見えますが、餡がベースの浮島です。
チョコレートや生クリームもしっかりと入ってしっとり濃厚ですが、ケーキほど重くなりません。

・基本の浮島の作り方は14ページ。

❀材料（12×7.5㎝流し缶1個分）

白餡　50ｇ
卵（M）　1個
グラニュー糖　15ｇ
薄力粉　7.5ｇ
上新粉　7.5ｇ
ラム酒　15ｇ
生クリーム　30ｇ
ココナッツミルク　20ｇ
チョコレート（クーベルチュール
スイートフレークカカオ44％）　70ｇ
純ココア　15ｇ
ラムレーズン　70ｇ
―レーズン　50ｇ
　ラム酒　20ｇ

❀下準備

・卵を卵黄と卵白に分ける。
・薄力粉、上新粉をふるう。
・チョコレートを湯煎する。
・レーズンをラム酒に2日漬けてラムレーズンを作り、粗みじん切りにする。

❀作り方

1 ボウルに白餡を入れ、グラニュー糖2／3を加えてすり混ぜ、卵黄を加えて混ぜる。
2 湯煎したチョコレート、純ココア、生クリーム、ココナッツミルク、ラム酒を加えて混ぜる。
3 薄力粉、上新粉を加えてさくっと混ぜる。
4 粗みじん切りにしたラムレーズンを加えて混ぜる。
5 卵白に残りのグラニュー糖を加え、おじぎするくらいの角が立つまで泡立てる。4に卵白を2～3回に分けて加えて混ぜる。
6 型に流し入れ、強火で23分蒸す。
7 生地に火が通っているか竹串を刺して確認し、粗熱をとる。

 しっとり濃厚、ラム酒とチョコレートが香る大人の楽しみ。

本わらび餅のラム餡包み

難易度 ◆◆◆

ラムレーズン入りの餡を本わらび餅で包むという贅沢なレシピです。
夏のイメージのあるわらび餅ですが、冬らしい和菓子として作ることもできます。余ったわらび餅はそのまま食べても美味しいです。

・基本のわらび餅の作り方は17ページ。

❀材料（約15～20個分）

ラム餡

白餡　200g
ラム酒　15g
ラムレーズン　70g
……レーズン　50g
……ラム酒　20g
アーモンド　10g

純ココア　適量
和三盆糖　適量

本わらび餅

本わらび粉　50g
水　200g
きび砂糖　100g

❀下準備

・レーズンをラム酒に2日漬けてラムレーズンを作り、細かくきざむ。
・アーモンドは130～140度のオーブンで10～20分程度ローストし細かくきざむ。

❀作り方

ラム餡

1 耐熱ボウルに白餡を入れ、600wで2分電子レンジにかけてから混ぜる。追加で600wで1分をかけて混ぜることを2回繰り返す。
2 ラム酒を加え、600wで1分電子レンジを1回かけて混ぜる。
3 きざんだラムレーズンとアーモンドを加えて混ぜる。

本わらび餅

4 鍋に本わらび粉ときび砂糖、水を入れて溶かす。
5 中火にかけ、透明になるまで練り上げる（約5～10分）。
6 純ココアを入れたバットに取り出す。
7 わらび餅がひっつかないように純ココアを手につけながら10gずつちぎる。
8 ラム餡を15gずつ丸めて、**7**のわらび餅で包む。
9 食べる前に純ココアと和三盆糖をふりかける。

わらび餅で包んでから、さらに茶こしでふるいながら純ココアをかけます。

たっぷり入ったアレンジ餡。

ラムレーズンの香り、しっとりとした餡、カリカリのアーモンドを包むわらび餅のもっちり感。

冬のラッピング

冬はクリスマスにお正月とイベントの多い季節です。
お祝い事と冬の空気をイメージして、シンプルで美しいラッピングを考えました。

新年のお祝い

新年らしいラッピングは、紅白だけではなく金を使うことで大人の上品さをプラスしました。紐はかごめ十五角結び。

清々しいはじまりのとき

シックな色とシンプルなラッピングは、華やかさはありませんが渋くかっこいい雰囲気に。中央の菱形の和紙とシンプルな紺色の八の字結びの色の調子を合わせて。

冬眠

ピンクがかった薄灰色の土佐和紙の美しさをいかしたラッピング。紐は小さくかわいらしいあわじ玉に結びました。春の訪れをわずかに感じさせるような冬の日です。

寒い冬の雪降り

落水紙から透けて見える箱の白色を雪に見立てました。鳥の子色と銀色のつゆ結びの紐で、寒い冬の日でもほわっとした暖かさを。

紐の結び方

基本の4種類の紐の結び方を図解します。
ほかにもいろいろな結び方があるので、
ラッピングに合わせてアレンジしてください。

八の字結び

1.

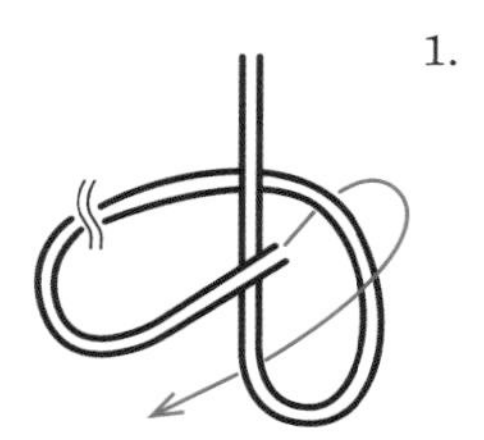

輪を作って矢印のように通す

2.

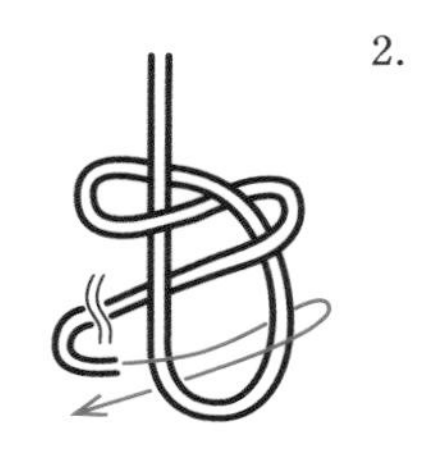

上から下へ、8の字を描く
ように輪の中へ交互に通す

3.

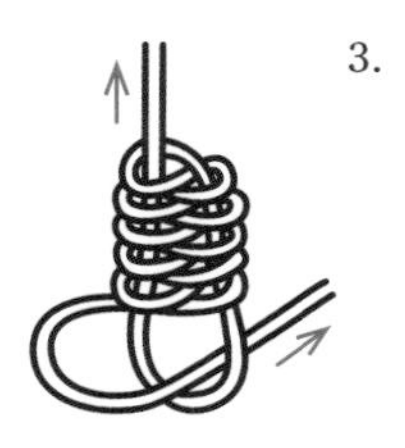

これを繰り返して通す
最後は輪の中に通して
上下に引きしめる

つゆ結び

1.

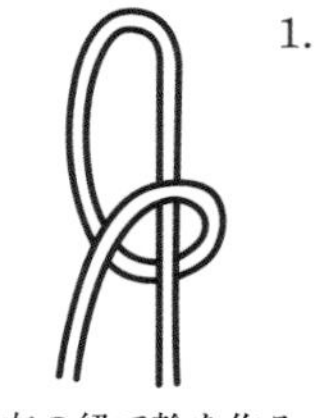

左の紐で輪を作る

2.

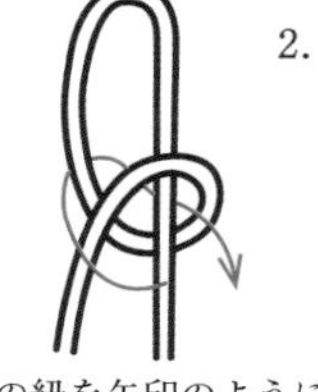

右の紐を矢印のように
通す

3.

上下に引きしめる

4.

完成

かごめ十五角結び

1.

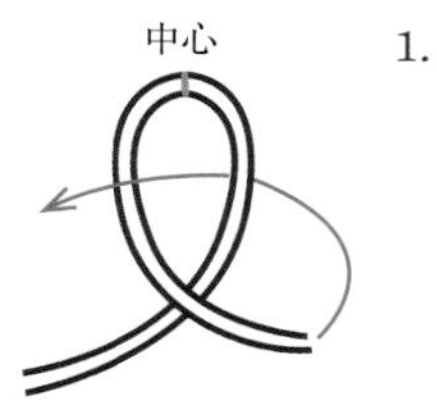

輪を作って矢印のように通す

2.

2つ目の輪ができたら
反対の端を矢印のように
輪の中を通す

3.

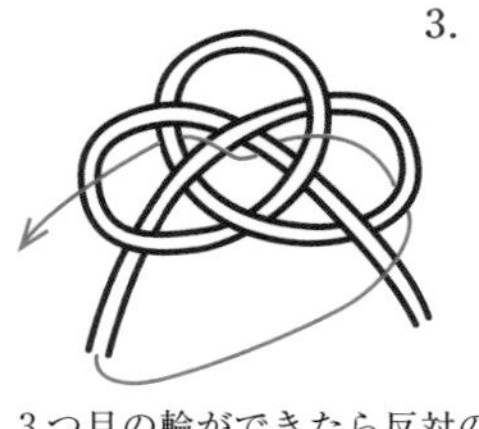

3つ目の輪ができたら反対の端を
矢印のように輪の中を通す

4.

端を矢印の方向に引いて
形を整える

5.

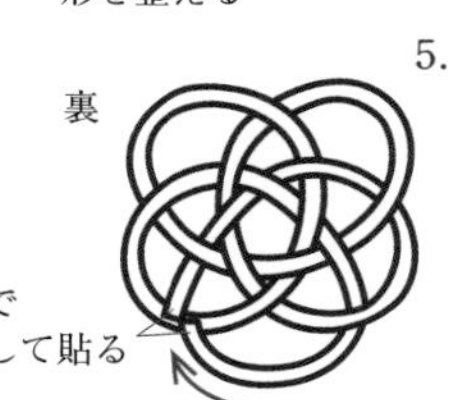

片方の端は輪を作って隣の輪の
裏に重ね、両端をカットして
ボンドやグルーガンで貼って止める

淡路結び

1.

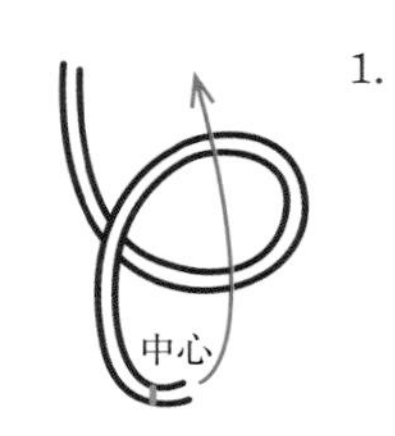

中心より上で
交差させて輪を作り
矢印のように輪の上に重ねる

2.

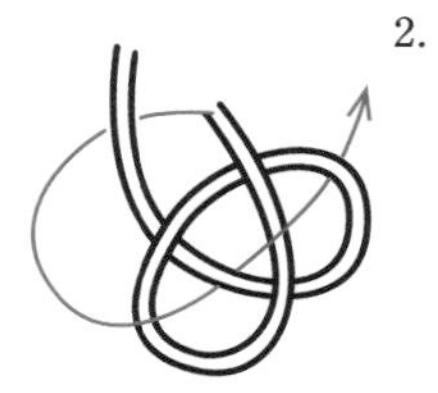

矢印のように輪の中を通す

3.

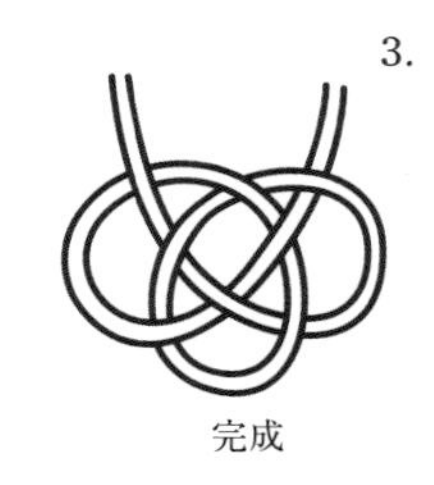

完成

Profile

鈴木万久美

「和菓子万くみ」を主宰。淡路島出身。大学卒業後、国内・外資系証券会社などに勤務。2011年頃から和菓子作りを始める。餡練りや練り切り餡作り、伝統的な和菓子から、お酒やドライフルーツ、スパイスなどを使ったアレンジ和菓子まで、様々な場面で楽しめる和菓子を作る。また教室では和菓子とともにラッピングやテーブルコーディネートまで楽しめる。京菓子展優秀賞などを受賞。

Instagram @wagashimakumi

Staff

Photo わだりか（mobiile,inc.）

Design 橋川幹子

編集 恵中綾子（グラフィック社）

Special thanks 小宮山裕介

素材協力

TOMIZ（富澤商店）

オンラインショップ https://tomiz.com/

電話番号：042-776-6488

果物、スパイス、お酒 大人のアレンジ和菓子

美味しくて新しい和菓子の研究

2021年7月25日 初版第1刷発行

著 者：和菓子 万くみ

発行者：長瀬 聡

発行所：株式会社グラフィック社

〒102-0073

東京都千代田区九段北 1-14-17

tel.03-3263-4318（代表）

03-3263-4579（編集）

fax.03-3263-5297

郵便振替 00130-6-114345

http://www.graphicsha.co.jp

印刷・製本：図書印刷株式会社

ISBN978-4-7661-3469-8 C2077